Thomas Johne

Öffentlichkeitsarbeit auch für kleine und mittlere Unternehmen

Ein praxisorientierter Leitfaden

AF125152

Thomas Johne

Öffentlichkeitsarbeit auch für kleine und mittlere Unternehmen

Ein praxisorientierter Leitfaden

Schriftenreihe: Marketing für den Mittelstand
Band 1

RKW - Verlag

Düsseldorfer Straße 40
65760 Eschborn

RKW-Nr. 1449
ISBN 3-89644-196-5

Layout und Druck: RKW, Eschborn

Inhaltsverzeichnis

„Wir müssen das, was wir denken, auch sagen. Wir müssen das, was wir sagen, auch tun. Und wir müssen das, was wir tun, auch sein."

Alfred Herrhausen

Vorwort

Ein positives Image nach außen und eine reibungslose Kommunikation mit den Mitarbeitern stellen sich zunehmend als Erfolgsfaktoren für Unternehmen heraus. Bisher sind es jedoch vor allem große Konzerne, die Öffentlichkeitsarbeit (Public Relations) einsetzen, um ihre Kommunikationsziele zu erreichen.

Aber die Zeiten ändern sich. Angesichts eines sich ständig verändernden sozialen, wirtschaftlichen und politischen Umfeldes leben auch kleine und mittlere Unternehmen nicht mehr auf einer einsamen Insel: Sie werden mit turbulenten Märkten, einer wachsenden Zahl von Mitbewerbern und Produkten konfrontiert, die in Qualität und Preis immer gleichartiger werden. In dieser Situation kommt es darauf an, sich durch erfolgreiche Öffentlichkeitsarbeit von der Konkurrenz zu unterscheiden und Ideen, Produkte und Dienstleistungen sowie das Unternehmen wirksam darzustellen. Denn nur das Unternehmen, das aktiv und offen mit der Öffentlichkeit redet, Wünsche und Erwartungen erfragt, flexibel darauf reagiert sowie seine Interessen und sein Handeln glaubwürdig erklärt, schafft ein positives Image und sichert sich damit langfristig einen Wettbewerbsvorteil gegenüber seinen Mitbewerbern.

Presse-, Medien- oder Öffentlichkeitsarbeit werden oft auch als PR-Arbeit bezeichnet und synonym gebraucht, so auch in diesem Buch, wobei der Schwerpunkt nicht auf der Medienarbeit – also der Förderung des Dialogs zwischen einem Unternehmen und der Öffentlichkeit mit Hilfe der Medien – liegt. Vielmehr werden Tätigkeiten und Instrumente beleuchtet, die der erweiterte PR-Begriff auch noch umfasst: Öffentlichkeitsarbeit im Unternehmen, Kommunikation mit den Anwohnern sowie mit Kunden.

Adressaten dieses Buches sind alle, die sich in kleinen und mittleren Unternehmen mit dem Thema der Öffentlichkeitsarbeit befassen: Unternehmer, Geschäftsführer sowie PR-Mitarbeiter.

Der vorliegende Ratgeber gibt Ihnen einen Überblick über die verschiedenen Aspekte der Medien- und Öffentlichkeitsarbeit – von der Planung über die Kommunikation mit wichtigen Zielgruppen bis hin zum Umgang mit den Medien. Praxisbeispiele, Tipps und Checklisten zu den jeweiligen Themen sowie nützliche Adressen machen das Buch zu einem praxis-orientierten Leitfaden für die Gestaltung effektiver Öffentlichkeitsarbeit.

Thomas Johne
Darmstadt, im September 2002

1 Nichts ist mehr, wie es war: von der Dynamisierung der Öffentlichkeit

In Zeiten gravierenden Umbruchs, in dem sich Wirtschaft und Gesellschaft befinden, wird Kommunikation nach innen und außen für Unternehmen immer wichtiger. Die Gründe dafür sind so offensichtlich wie vielschichtig: Das Misstrauen gegenüber der Wirtschaft, von deren Erfolg oder Misserfolg letztlich jeder abhängt, wächst.

Feindbilder gegen eine „globalisierte Wirtschaft" mit einem diffusen Bedrohungspotenzial werden von gut organisierten Protestgruppen systematisch aufgebaut oder mittels spektakulären Aktionen geschürt. Gleichzeitig versuchen sich die Medien – im zunehmenden Wettbewerb um die Gunst von Lesern und Zuschauern – als Anwälte einer breiten Verbraucherschicht zu profilieren. Mangelhafte Testergebnisse von Produkten, schlechter Service, soziale Konflikte im Unternehmen: alles ist wie nie zuvor kritischer Analyse unterworfen und wird stark emotionalisiert als öffentliches Thema zur Diskussion gestellt. Das muss im Rahmen eines allgemeinen gesellschaftlichen Dialogs auch möglich sein. Allerdings: Argumente der Wirtschaft und erfolgreiche unternehmerische Aktivitäten dringen häufig nicht mit einem so positiven Echo in der Öffentlichkeit durch, wie es sich der Unternehmer wünscht.

In diesem allgemeinen gesellschaftlichen Klima, das stark durch Bedenken und Ängste geprägt ist, regieren Emotionen und nicht Fakten. Schnell dreht sich die Stimmungslage zu Ungunsten von Unternehmen und Branchen – wer sich heute mit Aussagen und Produkten am Markt profiliert, findet sich morgen schon auf der Anklagebank wieder.

Öffentlichkeitsarbeit auch für den Mittelstand

In einer sich schnell wandelnden Wirtschaft und einem gesellschaftlichen Umfeld, das von Unsicherheit und Orientierungslosigkeit bestimmt wird, sind es häufig vor allem große Unternehmen, die Public Relations (Öffentlichkeitsarbeit) einsetzen, um ihre Kommunikationsziele zu erreichen. Viel zu wenig nutzen dagegen kleine und mittlere Unternehmer die Chancen, ihre Leistungen in der Öffentlichkeit darzustellen, Vertrauen zu schaffen, zu bewahren oder wiederherzustellen, falls es verloren gegangen sein sollte.

Denn: Auch ein Sanitär- und Heizungsbetrieb kann durch kontinuierliche Öffentlichkeitsarbeit Servicefreundlichkeit oder soziales Engagement kommunizieren, sich dadurch einen Wettbewerbsvorteil verschaffen und darüber hinaus dazu beitragen, das Ansehen der gesamten Branche zu verbessern.

Der gute Ruf eines mittelständischen Unternehmens wird nicht allein dadurch gesichert, dass es kundenorientiert arbeitet. Kein Unternehmen, kein Produkt und keine Dienstleistung kann langfristig ohne Vertrauen bestehen. Diesen persönlichen Vertrauensbonus erwirbt sich der mittelständische Unternehmer nur durch gemeinverträgliches Handeln und eine offene dialogorientierte Informationspolitik. Ein Unternehmer, der in der Öffentlichkeitsarbeit anerkannt ist, glaubwürdig informiert und unmittelbarer Gesprächspartner ist, schafft die Basis für Vertrauen und Verständnis und damit Akzeptanz – ein zentraler Erfolgsfaktor insbesondere auch für kleinere Unternehmen.

Information allein reicht aber nicht – es muss ein Konzept dahinterstehen. Nur eine zielorientierte, konzeptionell gestaltete und professionell gesteuerte Öffentlichkeitsarbeit schafft die Kontakte zu Meinungsbildnern, die langfristig ein Image des Unternehmens, seiner Produkte und Dienstleistungen entwickeln.

Nachholbedarf bei Öffentlichkeitsarbeit – Ergebnisse von Umfragen

In diesem Zusammenhang zeigen aktuelle Umfragen führender Marktforschungsinstitute, dass noch nicht einmal die Hälfte aller mittelständischen Unternehmen mit ihrer Öffentlichkeitsarbeit zufrieden ist. Die Gründe hierfür überraschen nicht: Nur 15,9 Prozent der Unternehmen verfügen über eine eigene PR-Abteilung, und rund 17 Prozent der Mittelständler nehmen externe Dienstleister in Anspruch, um ihre PR zu gestalten. Oft fehlt dem Unternehmen auch eine professionelle Effektivitätssteigerung für die eigene PR. Nur rund 29 Prozent der Betriebe erstellen eine qualitative Analyse der nach Presseaussendungen über das Unternehmen erschienenen Beiträge.

Als häufige Schwierigkeiten für eine effektive PR-Arbeit nennen die Befragten Gegebenheiten der Unternehmensstruktur. Hier spielen der Zeitfaktor und die interne Abstimmung die größte Rolle. Auch die teilweise als diffus empfundenen Zielgruppen werden von den Verantwortlichen als Schwierigkeiten genannt.

Einen besonderen Nachholbedarf entdecken die Studien bei der Pressearbeit der Unternehmen. Fast zwei Drittel der Mittelständler versenden weniger als eine Presseinformation im Monat. Entsprechend niedrig ist die Medienresonanz.

Auf Grund der bestehenden Unzufriedenheit mit der Öffentlichkeitsarbeit plant fast die Hälfte der befragten Unternehme (45,8 Prozent), PR-Aktivitäten in den kommenden zwei Jahren zu intensivieren. Damit wird diesem Instrument im Kommunikationsmix eine sehr viel höhere Aufmerksamkeit geschenkt als beispielsweise der klassischen Werbung oder Sponsoringaktivitäten.

1.1 Erfolgsfaktoren der Öffentlichkeitsarbeit

Um einen echten Austausch von Informationen erfolgreich und glaubwürdig zu gestalten, muss die Öffentlichkeitsarbeit mehrere Anforderungen erfüllen, damit die zielorientierte Umsetzung in der Praxis gelingt.

Im Folgenden werden einige grundsätzliche Aussagen zusammengestellt. Sie können als Leitgedanken sowohl für die interne Informationspolitik als auch für die externen Aktivitäten gelten und müssen immer wieder neu angewendet und mit Inhalten gefüllt werden:

Persönliche Glaubwürdigkeit

In erste Linie bestimmt der Unternehmer selbst, ob er vor Ort Ansehen genießt und als glaubwürdig respektiert wird. Denn er betreibt ständig PR – ob aktiv oder passiv.

Wie führt er sein Unternehmen? Wie gibt er sich? Wie ist sein Lebensstil? Tritt er selbst für das ein, was er aussagt und fördert? Dies sind die Kriterien, nach denen ihn die Öffentlichkeit beurteilt, und dies entscheidet damit auch über den lokalen Marktwert des Unternehmens. Glaubwürdige Kommunikation bedeutet auch, auf die Öffentlichkeit zuzugehen und nicht nur auf Druck der Zielgruppen zu informieren. Der Unternehmer hat eine Bringschuld dafür, dass mehr Verständnis und Vertrauen für sein Unternehmen geweckt werden.

Die Inhalte der Öffentlichkeitsarbeit: verständlich, sachlich richtig und fundiert, problemorientiert

Tatsachen, Umstände, Zusammenhänge müssen dargestellt und erklärt werden, ohne die Realität zu beschönigen. Daten und Fakten müssen korrekt und überprüfbar sein. Dabei sollen die Inhalte dem Kommunikationsproblem entsprechen, das ein Unternehmen mit seinen Zielgruppen hat – es ist ebenso wichtig, auf kritische Argumente kompetent einzugehen.

Ehrliche und offene Kommunikation mit den Zielgruppen

Ein glaubwürdiger Dialog mit der Öffentlichkeit entwickelt sich nur dann, wenn Informationen sowie Meinungen und Erwartungen offen ausgetauscht werden.

In der Praxis bedeutet das: Die PR-Arbeit des mittelständischen Unternehmens kann sich nicht nur darauf beschränken, Pressemitteilungen zu versenden. Das Gespräch mit Multiplikatoren dient nicht zur Übermittlung von Botschaften. Der Unternehmer sollte dabei auch Meinungen aufnehmen und sensibel sein für Entwicklungen aus dem Unternehmensumfeld – sie können sich früher oder später auf das Unternehmen direkt auswirken.

Ausschließlich positive oder halbwahre Informationen lassen an der Glaubwürdigkeit des Unternehmens zweifeln. Beispiel: Enthält ein Unternehmer Journalisten in Krisensituationen bestimmte Auskünfte vor, muss er damit rechnen, dass sie sich anderer Quellen bedienen (direkt Mitarbeiter ansprechen, Arbeitnehmervertretungen anrufen). Dies ist der Nährboden für Gerüchte und Halbwahrheiten – die Unternehmensinformation entgleitet der eigenen Kontrolle.

Wer Meinung bilden will, muss schnell sein

„Nichts ist so alt wie die Zeitung von gestern." Diese Weisheit aus der Nachrichtenbranche ist auch ein Leitspruch der Öffentlichkeitsarbeit. Wer im Zeitalter moderner Kommunikationsmittel Meinung bilden will, muss schnell, flexibel und präzise reagieren. Das bedeutet: relevante Unternehmensinformationen sollten umgehend an die Medienvertreter, Multiplikatoren und an die Mitarbeiter weitergeleitet werden. Wichtig dabei:

Schon die erste Meldung sollte möglichst wenig Fragen offen lassen und das richtige Timing abpassen. Nur so wird maximale Aufmerksamkeit erreicht.

Journalisten und Unternehmer – im Dialog zum besseren Verständnis

Für kleinere und mittlere Unternehmen ist der Lokaljournalist der wichtigste Ansprechpartner. Dabei geht es nicht nur um den Ausbau und die Weiterentwicklung von Kontakten zur Lokal- und Regionalpresse, sondern auch um Gespräche mit Redakteuren lokaler Radiosender (z.B. F.A.Z.-Business-Radio, Frankfurt). Die Basis für erfolgreiche Medienarbeit ist der persönliche Kontakt zu den Journalisten – mit dem Ziel, sich besser kennen zu lernen.

Wenn man sich um diesen persönlichen Dialog bemüht, hat dies Vorteile für beide Seiten: Der Unternehmer erwirbt Stück für Stück Medienkompetenz. Der Redakteur gewinnt praxisnahen Einblick in den Unternehmensalltag. Bei dieser Gelegenheit kann zum Beispiel auch vorab geklärt werden, ob ein Thema eine Chance zur Veröffentlichung hat.

Ohne langfristige Planung kein Erfolg

Im Rahmen der Öffentlichkeitsarbeit ist es nicht damit getan, Hochglanzbroschüren zu verschicken oder Journalisten mit Pressemitteilungen zu überhäufen. Es hat mit vertrauensvoller Kommunikation auch wenig zu tun, wenn sich ein Unternehmen nur dann mit seinen Zielgruppen austauscht, wenn es zu einer krisenhaften Entwicklung kommt oder wenn es aus Unternehmenssicht Vorteile bringt. Vielmehr ist für erfolgreiche Öffentlichkeitsarbeit folgendes von Bedeutung:

- PR müssen systematisch Kommunikationsprobleme mit den Zielgruppen erkennen und zielorientiert lösen
- Kontinuierliche Kontaktpflege nicht nur zu Medienvertretern, sondern auch zu anderen Multiplikatoren (Interessenverbände, Vertreter von Städten und Gemeinden etc.)

Hierbei ist zu berücksichtigen, dass man glaubwürdige Kommunikation nicht von heute auf morgen entwickelt. Auch das Image eines Unternehmens und das Verständnis vom Gegenüber festigen sich nicht kurzfristig.

Wichtig ist in diesem Zusammenhang auch das Engagement bei Themen und Aktivitäten, die mit dem eigenen Unternehmen nicht unbedingt etwas zu tun haben (z. B. Mitarbeit in Arbeitskreisen, Teilnahme an Symposien). Auch die Durchführung eigener Veranstaltungen hilft dabei, ein Netzwerk von Kontakten im Unternehmensumfeld aufzubauen. Ereignisse nutzen, Ereignisse schaffen – Vorträge, Betriebsbesichtigungen, Ausstellungen, Symposien, Tag der offenen Tür: Derartige Aktivitäten, soweit sie in der Inszenierung zu einem mittelständischen Unternehmen passen, transportieren nicht nur Nachrichten und Meinungen, sondern schaffen zusätzlich Sympathie und Vertrauen – eine zentrale Voraussetzung für erfolgreiche Öffentlichkeitsarbeit.

2 Öffentlichkeitsarbeit als Kommunikationsmanagement

2.1 Was Öffentlichkeitsarbeit bedeutet

Jedes Unternehmen ist eingebettet in sein soziales, wirtschaftliches und politisches Umfeld und steht in Beziehung zu Einzelpersonen oder Interessengruppen. Extern können es z.B. Nachbarn, Lieferanten, Politiker, Kunden oder Medienvertreter sein, intern sind es die Mitarbeiter.

Für das Unternehmen bedeutet Öffentlichkeitsarbeit

• Planung und Steuerung der Kommunikation mit diesen Zielgruppen

Dabei soll durch spezielle Instrumente der PR verdeutlicht werden:

• das Unternehmen in seiner Gesamtheit (Unternehmensidentität)

• unternehmerische Positionen

• die besonderen Leistungen, Tätigkeiten oder Vorhaben

• die Verantwortung des Unternehmens im gesellschaftlichen Zusammenhang

Ziel ist es, Verständnis, Vertrauen und Sympathie für das Handeln des Unternehmens aufzubauen und zu pflegen und langfristig eine Übereinstimmung zwischen dem Unternehmen und seinen Zielgruppen herbeizuführen, damit es seine Ziele erreichen kann – und zwar nach innen und außen.

Öffentlichkeitsarbeit muss erreichen, dass Meinungen, Interessen und Absichten zu den für das Unternehmen wichtigen Zielgruppen gelangen. Es ist aber ebenso von Bedeutung herauszufinden, welche Meinungen die Öffentlichkeit vom Unternehmen hat und welche Erwartungen sie an das Unternehmen richtet.

Um diesen Dialog erfolgreich zu gestalten, gilt es deshalb, die Kontakte zu den unterschiedlichen Zielgruppen systematisch und kontinuierlich zu pflegen – nur so ist eine positive Meinungsbildung zu erreichen.

Für das Unternehmen bedeutet Öffentlichkeitsarbeit folglich auch:

- der erfolgreiche und glaubwürdige Informationsaustausch zwischen einem Unternehmen und der Öffentlichkeit einerseits (externe Öffentlichkeitsarbeit) sowie dem Unternehmen und seinen Mitarbeitern andererseits (interne Öffentlichkeitsarbeit).

2.2 Was Öffentlichkeitsarbeit leistet

In der Praxis können PR im Rahmen der Unternehmenskommunikation zweierlei bewirken:

- PR können Informationen in die Öffentlichkeit tragen
  Mit PR plant und steuert das Unternehmen die Kommunikationsprozesse. Es verbreitet einerseits Informationen, die das Unternehmen für wichtig erachtet, andererseits auch solche, die die Zielgruppen erwarten.

Praxisbeispiel:

Ein Autohaus mit angeschlossenem Servicebetrieb informiert Öffentlichkeit und Medien über den geplanten Bau einer Anlage zur Altölentsorgung und dokumentiert so verantwortungsbewusstes, umweltorientiertes Handeln, es organisiert aber auch eine Diskussionsveranstaltung, auf der Journalisten und Nachbarn kritische Fragen stellen können – ein Austausch von Informationen entsteht.

- PR können an der Entwicklung eines Images mitwirken
  PR vermitteln auch Inhalte – zum Beispiel die Identität eines Unternehmens, seine Ziele und sein Handeln. Es reicht also nicht aus, Informationen zu verbreiten, es muss auch festgelegt werden, als was etwas bekannt werden soll. Hier können PR dazu beitragen, bestimmte Vorstellungsbilder der handelnden Personen und des Unternehmens zu vermitteln.

Praxisbeispiel:

Da laut Umfragen die Hälfte der Verbraucher ein negatives Bild vom Handwerk und seinem Leistungsangebot haben, versucht ein Unternehmen, das Fenster montiert, ein günstigeres Image zu vermitteln. Zum Handwerkszeug der Monteure gehört neben dem Werkzeugkoffer auch ein Staubsauger. Perfekt im Umgang mit Kunden geschult, wird die Wohnung nach dem Einbau gesaugt und aufgeräumt. So bleiben die Dienstleistung und der Besuch der Handwerker als angenehmes Erlebnis in Erinnerung. Der Kunde fasst Vertrauen. Hier waren Fachleute am Werk.

Im Rahmen eines Pressegesprächs erörtert der Handwerksmeister mit einem Journalisten der Lokalpresse, wie er seine Marketingstrategien zukünftig noch weiter entwickeln wird – Ergebnis: ein Artikel über pfiffige Dienstleitungsideen und Kundenbindung im Handwerk.

2.3 Wie Öffentlichkeitsarbeit organisiert wird

In der Praxis zeigt sich immer wieder, dass noch nicht einmal die Hälfte aller mittelständischen Unternehmen mit ihrer Öffentlichkeitsarbeit zufrieden ist. Bei Umfragen von Marktforschungsinstituten nennen die Befragten als häufige Schwierigkeiten für eine effektive PR-Arbeit Gegebenheiten der Unternehmensstruktur – hier bereitet in der Regel die interne Abstimmung die größten Probleme.

Das Ergebnis überrascht nicht: Wo niemand für Öffentlichkeitsarbeit zuständig ist oder wo mit anderen Aufgaben ohnehin überlastete Abteilungen zusätzlich noch Öffentlichkeitsarbeit betreiben müssen, können PR nur unzureichende Wirkung erzielen. Die Kommunikation mit der Öffentlichkeit bleibt häufig in Ansätzen stecken und der langfristige Aufbau oder die Pflege eines positiven Unternehmensimages ist so zum Scheitern verurteilt.

PR sind Chefsache

Die Durchführung von erfolgreichen PR erfordert zunächst auf Unternehmerebene das Bewusstsein für bestimmte Rahmenbedingungen:

- Die Unternehmenspolitik bildet die Grundlage für den Kommunikationsaustausch mit den Zielgruppen. Deshalb muss sich die Geschäftsführung eindeutig mit PR identifizieren.

- Sachgerechte, frühzeitige und umfassende Informationen, schnelle und eindeutige Entscheidungen sowie ein eigenes PR-Budget bilden dabei zentrale Voraussetzungen.

- PR tragen dazu bei, Unternehmensziele zu erreichen. Die Wertschätzung und die Achtung der Kompetenz der PR-Mitarbeiter seitens der Geschäftsführung steigern den Erfolg von Öffentlichkeitsarbeit.

Im folgenden werden nun die organisatorischen Weichen für eine erfolgreiche PR gestellt:

PR sind ein abgegrenzter Aufgabenbereich

Ob es gelingt, wichtige Unternehmensbotschaften schnell, umfassend, prägnant und gezielt nach innen und außen zu vermitteln, hängt häufig davon ab, wie die interne Zuordnung aussieht und welche Stellung der PR-Mitarbeiter im Unternehmen hat. Denn: Die Gestaltung des Kommunikationsaustauschs zwischen dem Unternehmen und seinen Zielgruppen klappt nur dann, wenn die PR-Mitarbeiter in den internen Informationsfluss und den Prozess der Meinungsbildung eingebunden werden.

Es empfiehlt sich daher, eine Stelle einzurichten, die sich ausschließlich mit der Betreuung der Öffentlichkeitsarbeit beschäftigt. Diese PR-Stelle sollte organisatorisch der Geschäftsführung zugeordnet sein – als selbstverantwortliche Stabsstelle mit genau definiertem Aufgabenbereich und abgesicherter Zuständigkeit.

Diese interne Einbindung hat eine Reihe von Vorteilen:

- PR bekommen ein „Gesicht": Kommunikation erhält damit nach innen sowie nach außen einen besonderen Stellenwert.

- Eine selbstverantwortlich eingerichtete Position schafft Identifikation mit der Tätigkeit und verringert Reibungsverluste mit anderen Kompetenzbereichen und etwaige Überschneidungen.

- Informationen über alle wichtigen Aspekte des Unternehmens gelangen schneller an die Mitarbeiter und externe Zielgruppen.

- Kürzere Entscheidungswege: Entscheidungen über Inhalte, Informationen und wichtige PR-Maßnahmen können – je nach aktuellen Anlässen – kurzfristig getroffen werden.

- Eine eigenständige, professionelle, langfristige PR-Planung wird möglich.

PR mit externen Beratern

Als Alternative zur internen eigenen Einrichtung einer PR-Stelle können kleinere und mittlere Unternehmen mit externen PR-Beratern oder Pressebüros kooperieren. Diese übernehmen entweder projektbezogen die PR-Arbeit (Organisation Tag der offenen Tür, Pressemitteilungen schreiben) oder leisten kontinuierliche PR-Beratung (Aktionen konzipieren, Pressekontakte pflegen, Newsletter entwickeln).

In der Regel braucht das mittlere Unternehmen nicht auf große PR-Agenturen zurückzugreifen. Auch freie PR-Berater verfügen über die notwendige Erfahrung in der Medienarbeit und bieten über Netzwerke alle PR-Leistungen an – manche haben sich auf Themen oder Branchen spezialisiert wie Medienarbeit für kleine und mittlere IT-Unternehmen oder Öffentlichkeitsarbeit für das Handwerk. Und: Sie sind meist kostengünstiger als eine PR-Agentur oder der eigens dafür eingerichteten Arbeitsplatz.

In der Zusammenarbeit von Unternehmensleitung und Berater muss eine wichtige Frage beantwortet werden: Wie kann er in den Unternehmensablauf integriert werden? Sicherlich muss von Anfang an gewährleistet sein, dass ein kompetenter Ansprechpartner – im Idealfall die Geschäftsführung – im Unternehmen zur Verfügung steht. Größtmögliche Beteiligung an den internen Abläufen, umfassende Informationen, gegenseitiges Vertrauen und die Achtung der Kompetenz gehören – wie bei der internen Pressestelle – auch hier zu den zentralen Bestandteilen erfolgreicher Öffentlichkeitsarbeit. Neben Strategiegesprächen sichern regelmäßige Treffen zwischen Geschäftsleitung und Berater den Informationsfluss über die PR-Aktivitäten (Textabstimmung, Vorschläge zu Themen, Medienkontakte) sowie laufende Projekte.

2.4   Wie Öffentlichkeitsarbeit geplant wird

PR erschöpfen sich nicht in einigen sporadischen Pressemitteilungen und mehr oder weniger zufälligen öffentlichkeitswirksamen Aktionen. PR müssen vielmehr strategisch geplant und langfristig angelegt werden, um erfolgreich zu sein, und zwar aus folgenden Gründen:

- Ein vertrauensvolles Verhältnis auf der Basis glaubwürdiger Kommunikation zwischen dem Unternehmen und seinen Zielgruppen kann nur über einen längeren Zeitraum erarbeitet werden.

- Eine sorgfältige Planung, die sich auch an den Erwartungen und Bedürfnissen der Zielgruppen orientiert, ist die Voraussetzung, tatsächliche Kommunikationsprobleme zu erkennen und vorausschauend zu handeln.

Systematische PR – in vier Schritten zur erfolgreichen Planung

Wie können Sie mit Ihrem Unternehmen, mit Produkten oder Dienstleistungen erfolgreich PR betreiben?

Die Grundlage ist ein strategisches Konzept, das aus vier Schritten besteht, die im folgenden skizziert werden.

Schritt 1:

⇨ Das Kommunikationsproblem erkennen:

Zunächst werden alle wichtigen internen und externen Informationen über das Unternehmen zusammengetragen. Durch das Sammeln von Daten und das Auswerten von Ergebnissen Ihrer Befragungen verfügen Sie nun über genügend Informationen, Meinungen und Einschätzungen, die Sie im Sinne einer Stärken/Schwächen-Analyse aufbereiten können.

Praxisbeispiel:

Ein Autohaus mit angeschlossenem Servicebetrieb plant den Bau einer Altölentsorgungsanlage: Welche Informationen wünschen sich die Kunden? Wie soll der Informationsbedarf gedeckt werden? Wie wird die Meinung der Standortnachbarn eingeschätzt, um Befürchtungen gezielt entgegenzuwirken?

Als Stärken können sich erweisen:

Die Kunden schätzen den reibungslosen Reparaturservice und die Kompetenz der Mitarbeiter.
Die Betriebe am Standort fühlen sich gut über das Unternehmen informiert.

Als Schwächen können sich erweisen:

Die lokale Presse steht den Umweltschutzmaßnahmen misstrauisch gegenüber und möchte stärker über zukünftige Planungen informiert werden.
Die Anwohner des Unternehmens befürchten eine Verschlechterung der Trinkwasserqualität.

Praxisbeispiel:

Die interne Kommunikation eines mittelständischen Unternehmens soll intensiviert werden:

Welche Ängste, Sorgen und Befürchtungen haben die Mitarbeiter? Welches Image hat das Unternehmen unter den Mitarbeitern? Wo liegen die Informationsdefizite? Wie sind die Mitarbeiter mit den bisherigen internen Kommunikationsinstrumenten zufrieden?

Als Stärken können sich erweisen:

Das Unternehmen gilt als attraktiver Arbeitgeber. Veranstaltungen bieten den Mitarbeitern die Gelegenheit, mit der Geschäftsführung zu diskutieren und Themen zu hinterfragen.

Als Schwächen können sich erweisen:

Es fehlt ein Forum, das alle Mitarbeiter einheitlich und zeitgleich mit wichtigen Informationen über das Unternehmen versorgt. Einzelne Arbeitsgebiete oder Abteilungen sind vielen Mitarbeitern in ihrem Stellenwert für das Unternehmen nicht bekannt.

Aus der Analyse der Stärken und Schwächen formulieren Sie die Aufgaben der PR. Welche Meinungen müssen geändert, welche Einstellungen gestärkt und welche Informationen müssen vermittelt werden?

Für das **Praxisbeispiel** „Autohaus" führt die Analyse zu folgender Aufgabenstellung: Die lokale Presse und die Anwohner sollen umfassender über den hohen Standard der Umweltschutzmaßnahmen informiert werden.

Für das **Praxisbeispiel** „interne Kommunikation" heißt die PR-Aufgabe: Es sollen Instrumente geschaffen werden, damit sich die Belegschaft regelmäßig über die Entwicklung im Unternehmen informieren kann und ein persönlicher Austausch zwischen verschiedenen Unternehmensbereichen ermöglicht wird.

Schritt 2:

⇨ Planung
Auf der Basis der Aufgabenstellung und der definierten Zielgruppen wird die Lösung geplant:

• Formulierung von präzisen und messbaren Zielen
• Festlegung von PR-Instrumenten und -maßnahmen
Die Wahl der Instrumente und der Umfang der Aktivitäten sind von den Kosten abhängig.
Die Planung beinhaltet Kalkulationseckdaten für laufende PR-Maßnahmen sowie den Etat für PR-Aktionen.

- Der Zeitplan enthält Einzelschritte, Termine und Zuständigkeiten. Er muss, um den Erfolg von Maßnahmen sicherzustellen, auf die Bedürfnisse der Zielgruppen abgestimmt sein.
Beispiel: Der Tag der offenen Tür sollte am Wochenende stattfinden, damit auch Familien teilnehmen können.

Schritt 3:

⇨ Kreative Umsetzung
Nach der Entwicklung von Aufgaben, Strategien und Planungsschritten werden im dritten Schritt öffentlichkeitswirksame Aktionen gestaltet.
- Medienarbeit (Presse, Hörfunk, Fachpublikationen)
- PR-Instrumente (Tag der offenen Tür, Vorträge, Mitarbeiterzeitung)
- Unterstützung von Aktivitäten (Kultur, Sport, Soziales)

Schritt 4:

⇨ Kontrolle des Erfolgs
Durchführung von Maßnahmen, die die Qualität der Öffentlichkeitsarbeit überprüfen sollen (Sammlung von Presseausschnitten, Befragungen, Teilnehmer-Interviews).

Infoservice – Wichtige Adressen

Verbände

DPRG Deutsche Public Relations Gesellschaft e.V., St. Augustiner Str. 21, 53224 Bonn, Telefon: 0228-9739287, Telefax 0228-9739289
www.dprg.de

* hilfreiche Übersichten und Quellen für Verbindungen zu interessanten PR-Informationen: kommentierte Literaturtipps, Themen des Monats, Brancheninformationen, Tipps und Service sowie ein Link-Guide mit Adressen von PR-Beratern, Pressediensten, Recherchehilfen und Mediendienstleistern

GPRA Gesellschaft Public Relations Agenturen e.V., Schillerstr. 4, 60313 Frankfurt, Telefon 069-20628, Telefax 069-20700
www.gpra.de

* Das Portal für Kommunikationsmanagement. Umfassender Informationspool mit Serviceteil und aktuellen Datenbanken.

3 Das Unternehmen im Blickpunkt der Öffentlichkeit

Der folgende Abschnitt soll Ihnen nun Hinweise geben, wie Sie die Kommunikation mit wichtigen Zielgruppenkreisen – Mitarbeitern, Nachbarn, Kunden, Geschäftspartnern, Banken, Honoratioren – aktiv gestalten können.

Die skizzierten Instrumente und Maßnahmen stellen wichtige Vehikel der PR dar, die Ihre Botschaften zu Ihren Kernzielgruppen tragen.

Dabei ist zu beachten, dass Ihre PR-Instrumente zur Kommunikationsstrategie des Unternehmens passen müssen. Denken Sie auch an eine einheitliche Gestaltung, die bei Ihren Zielgruppen eine Firmenpersönlichkeit vermittelt.

3.1 Interne Kommunikation: Öffentlichkeitsarbeit fängt zu Hause an

Eine Grundlage für die Vertrauensbildung wird durch PR im eigenen Unternehmen geschaffen. Die Mitarbeiter tragen ihre Meinungen und Einschätzungen über ihr Unternehmen nach außen und prägen damit durch ihre Äußerungen gegenüber Außenstehenden die Meinung mit, die sich die breite Öffentlichkeit über das Unternehmen bildet. Sie sind nur dann positiv gestimmte Imageträger, wenn betriebliche Kommunikation stattfindet und sie sich gut informiert fühlen. Informierte Mitarbeiter sind loyal, stehen hinter ihrem Unternehmen und setzen sich für seine Ziele und Interessen ein. Sie sind als Multiplikator mit hoher Glaubwürdigkeit für den Ruf des Unternehmens nicht zu unterschätzen.

Folgende Checkliste zeigt Ihnen, mit welchen Instrumenten Sie intern Kommunikation gestalten können, und gibt Anregungen für eine effektive Öffentlichkeitsarbeit in Ihrem Unternehmen.

Checkliste Instrumente der internen Kommunikation

- Mitarbeiterzeitschrift
- Hausmitteilungen
- Schwarzes Brett
- Betriebsversammlungen
- Informationsdienste für spezielle Mitarbeiterkreise (Führungskräfte, Vertrieb, Meister)
- Mitarbeiterstammtisch
- Mitarbeiterbefragungen
- Gespräch zwischen Geschäftsführung und Mitarbeiter
- Informationsschriften für neue Mitarbeiter

3.1.1 Die Mitarbeiterzeitung

Die Mitarbeiterzeitung ist unter den Unternehmenspublikationen ein Medium von zentraler Bedeutung, um Kontakt „zur Basis" aufzubauen und zu pflegen sowie intern das Informationsbedürfnis der Mitarbeiter zu befriedigen. Sie trägt darüber hinaus wesentlich dazu bei, dass sich die Mitarbeiter untereinander besser kennen lernen, da gleich mehrere Zielgruppen im Unternehmen angesprochen werden können:

- Angestellte
- Gewerbliche Mitarbeiter
- Ausländische Arbeitnehmer
- Betriebsrat
- Auszubildende
- Ehemalige Mitarbeiter
- Familienangehörige

Die Konzeption und Realisierung einer Mitarbeiterzeitung ist an bestimmte Voraussetzungen gebunden:

- Um eine Mitarbeiterzeitung herzustellen, sollte es ein Redaktionsteam geben, das alle organisatorischen und abteilungsübergreifenden Abläufe koordiniert und in dem alle Berufsgruppen quer über sämtliche Hierarchiestufen vertreten sind.

- Empfehlenswert ist die Durchführung einer Befragung, um herauszufinden, was die Mitarbeiter wissen wollen und wie die Informationen aufbereitet werden sollen.

- Mitarbeiterzeitschriften müssen offen und ehrlich die verschiedenen Meinungen und Interessen im Unternehmen darstellen, erkennbare Probleme aufgreifen, Position beziehen und zum Dialog einladen. Hofberichterstattung seitens der Geschäftsführung erfüllt diesen Anspruch nicht.

So realisieren Sie eine moderne Mitarbeiterzeitschrift

Kalkulieren Sie ein festes Budget. Der Umfang kann von einem vierseitigen Informationsdienst bis zu einer 24-seitigen Version im Zeitungsformat oder Magazinstil reichen – je nach Budget, Anzahl der Rubriken sowie Wichtigkeit und Aktualität der Informationen.

Die Aufbereitung muss professionell sein. Die Mitarbeiterzeitung sollte regelmäßig erscheinen, sonst erfüllt sie ihre Dialogfunktion nicht. Für die langfristige Planung ist ein Redaktionsplan erforderlich, der die Themen für die laufende und insbesondere für die nächsten zwei bis drei Ausgaben enthält. Die Zeitung sollte dem einheitlichen Erscheinungsbild Ihres Unternehmens entsprechen (analog dem Corporate Design der bestehenden Kommunikationsinstrumente). Dazu gehören ein einprägsamer Namen, ein Logo sowie die gestalterische Aufmachung, also der Gesamteindruck, den das Unternehmen vermitteln will. Fotos, anschauliche Grafiken und prägnante Überschriften sind ein Muss.

Praxistipp: Besorgen Sie sich Mitarbeiterzeitungen anderer Unternehmen und fragen Sie deren Macher um Rat. Profitieren Sie von den Erfahrungen anderer.

Der Inhalt Ihrer Mitarbeiterzeitung sollte eine Mischung aus aktuellen Ereignissen und feststehenden Rubriken sein. Die nachfolgende Checkliste gibt Ihnen einen Überblick über das Themenspektrum einer Mitarbeiterzeitschrift.

Checkliste Themenplan Mitarbeiterzeitung

Aktuelle Informationen

- Mitteilungen über Geschäfts- und Marktentwicklungen
- Neue Investitionen (Produktionsanlagen, Maschinen)
- Innovationen (neue Produkte, Dienstleistungen)
- Messeteilnahmen, erfolgreiche PR-Veranstaltungen
- Kooperationen
- Vertriebserfolge
- Umweltschutzthemen
- Neue Mitarbeiter, Aus- und Weiterbildungskonzepte

Regelmäßige Rubriken

- Versammlungen des Betriebsrates
- Interne Stellenbörse
- Betriebssport
- Abteilungspräsentationen
- Leserbriefe
- Kommentare
- Kulturelle Aktivitäten
- Verbesserungsvorschläge mit Namen des Mitarbeiters und Prämienhöhe
- Vermischtes (Preisrätsel, Büchertipps, Kleinanzeigen von Mitarbeitern, Presseecho)
- Servicethemen (Steuertipps, Vermögensbildung, Rechtsfragen)

3.1.2   Veranstaltungen

Betriebsveranstaltungen fördern den Austausch von Meinungen und Informationen. Bieten Sie also den Mitarbeitern die Möglichkeit, mit der Geschäftsführung Themen aufzugreifen und zu diskutieren. Derartige Gelegenheiten stärken den Teamgeist und erleichtern durch persönliche Kontakte den täglichen Arbeitsablauf. Jede Veranstaltung muss deshalb genauso sorgfältig geplant werden wie externe Aktivitäten. Wichtig ist dabei, dass Sie die Mitarbeiter bei der Themenplanung und der Übernahme von Teilaufgaben einbinden – Teamarbeit ist das A und O!

Bei folgenden Gelegenheiten können Sie mit den Mitarbeitern ins Gespräch kommen:

- Betriebsversammlung
  Hier sollten Geschäftsführer und andere Vertreter der Unternehmensleitung zu Wort und ins Gespräch kommen

- Diskussionsrunden
  Es bietet sich ein aktuelles Thema als Anlass für eine Diskussionsrunde im größeren Rahmen an. Nutzen Sie die Gelegenheit, Fragen zu beantworten, Kritik und Anregungen aufzunehmen.

- Präsentationen
  Regen Sie Präsentationen zur Darstellung von Arbeitsbereichen oder Abteilungen an – dies fördert gegenseitiges Verstehen und reibungslosere Zusammenarbeit. Auch die Geschäftsleitung kann dies als Plattform für den Meinungsaustausch nutzen.

Das Feedback gehört dazu

Empfehlenswert ist auch hier – wie bei allen anderen PR-Aktivitäten –, den Erfolg zu kontrollieren:

- Welche Erwartung hatten die Mitarbeiter?

- Wie wurde das Veranstaltungsangebot beurteilt?

- Mit welchen Meinungen sind die Mitarbeiter gegangen?

- Konnten sie ihr Informationsdefizit abbauen?

Die Ergebnisse der Befragung geben Aufschluss darüber, ob Sie Ihre Informationsangebote künftig noch mehr auf die Bedürfnisse Ihrer Mitarbeiter zuschneiden sollten.

Checkliste Planung interner Veranstaltungen

- Berücksichtigt die Planung ausreichend Vorbereitungszeit?
- Sind die Veranstaltungsziele und das „Motto" definiert?
- Gibt es ein kalkuliertes Budget?
- Liegt die Teilnehmerzahl fest?
- Sind die betroffenen Mitarbeiter in die Planung eingebunden?
- Wurde das Rahmenprogramm festgelegt?
- Wurden die Räumlichkeiten festgelegt?
- Welche Dekoration und welche Veranstaltungstechnik muss installiert werden?
- Wird ein externer Veranstaltungsservice/Catering-Dienstleister in die Planung mit einbezogen?

3.2 Kommunikation in der Nachbarschaft: Öffentlichkeitsarbeit vor Ort

3.2.1 Das Gespräch suchen

Ob die PR eines kleinen oder mittelständischen Unternehmens erfolgreich sind, lässt sich nicht nur nach der Anzahl der Berichte in Fachpublikationen oder der Lokalpresse bewerten.

Ein wichtiger Aspekt kommt hinzu: Öffentlichkeitsarbeit im Umfeld des Unternehmens ist mehr denn je zu einer gesellschaftlichen Verpflichtung geworden. Denn: Viele Beispiele aus jüngster Zeit zeigen, dass die Bevölkerung sehr sensibel auf Veränderungen oder gar Verschlechterungen ihres Lebensumfeldes reagiert. Vor allem das Umweltbewusstsein ist gewachsen.

Die Menschen, die in unmittelbarer Nähe zum Unternehmen leben, wollen erfahren, was sich hinter den Kulissen des Unternehmens abspielt. Schließlich sind sie als Anwohner auch als Erste direkt oder indirekt von Veränderungen oder Zwischenfällen betroffen. Sie müssen sich deshalb auf das Unternehmen verlassen können – zum Beispiel auf dessen Sicherheitsmaßnahmen oder das rasche Eingreifen bei möglichen Zwischenfällen.

Es ist daher unbedingt empfehlenswert, sich auch mit PR-Aktivitäten rund um den Standort des Unternehmens zu beschäftigen. Dafür gibt es einige praxisnahe Regeln, für die keine PR-Agentur und kein PR-Etat notwendig sind:

- Führen Sie Gespräche mit Ihren Nachbarn. Erläutern Sie Ihre Ziele und gegebenenfalls auch gesellschaftliche Engagements.

- Hören Sie aufmerksam zu bei Informationen über Meinungen und Entwicklungen aus Ihrem Umfeld – gehen Sie auf Kritik und Bedenken ein. Kontakte sind auch ein Teil des Frühwarnsystems.

- Gehen Sie frühestmöglich auf Ihre Nachbarn zu, wenn Sie ein Problem erkennen, das Ihr direktes Umfeld berührt. Mit einer Flugblattaktion über geplante Umbauarbeiten beweisen Sie Offenheit, statt später Angriffe abzuwehren.

3.2.2 Der Tag der offenen Tür

Laden Sie Ihre Nachbarn doch einfach mal ein. Für die meisten Besucher ist dies die beste Gelegenheit, ein Unternehmen von innen zu sehen – hautnah zu erleben, wie ein Produkt hergestellt wird, die Maschinen aussehen etc. Zeigen Sie, dass Menschen dahinter stehen, bieten Sie den Besuchern Fakten und Gespräche und heben Sie Ihr Unternehmen aus der Anonymität heraus. Von entscheidender Bedeutung sind in jedem Fall Diskussionen, in denen Sie auf Fragen der Nachbarn eingehen und Ihnen das Gefühl vermitteln, deren Meinungen ernst zu nehmen.

Ihre Besucher sehen dann Ihr Unternehmen mit eigenen – und vielleicht mit ganz anderen – Augen. Das wirkt besser als jede noch so professionell gestaltete Imagebroschüre. Und ein Aspekt kommt hinzu: Mit Ihrem Tag der offenen Tür dokumentieren Sie Offenheit und Dialogbereitschaft – ein Pluspunkt für Sie!

Auf der Einladungsliste: Nicht nur die Nachbarn

Der Tag der offenen Tür ist eine Gelegenheit, direkt mit Kunden, Handelspartnern, der gesamten interessierten Öffentlichkeit vor Ort sowie den lokalen Medien Kontakt aufzunehmen. Dies sind die wichtigsten Zielgruppen, die für einen Tag der offenen Tür auf der Einladungsliste stehen sollten:

- Mitarbeiter, ehemalige Mitarbeiter und deren Familienangehörige

- Lokale Presse, Hörfunk

- Kunden

- Potenzielle Kunden

- Anwohner aus der näheren Umgebung

- Unternehmen aus der Nachbarschaft

- Geschäftspartner, Lieferanten

- Bankenvertreter

- Leiter der für das Unternehmen wichtigen Behörden

- Honoratioren (Bürgermeister, Stadtrat, Vertreter von Verbänden und Gewerkschaften)

Zur Frage, wie laden Sie die Zielgruppen ein, gilt grundsätzlich: Honoratioren, Verwaltungsvertreter, die wichtigsten Kunden und Partner sowie die Presse müssen schriftlich und rechzeitig eingeladen werden – mit Antwortkarte und telefonischem Nachhaken. Mitarbeiter können durch Rundschreiben oder die Mitarbeiterzeitung informiert werden. Die Anwohner informieren Sie am besten durch Handzettel, die verteilt oder in Geschäften ausgelegt werden können – eine Anzeigenschaltung in der lokalen Tageszeitung ist ebenfalls empfehlenswert.

Planung ist das A und O

Die nachfolgende Checkliste gibt Ihnen wichtige Hinweise, was bei der Planung, Organisation und Durchführung des Tages der offenen Tür zu beachten ist. Ein Wort zur Organisation: Schrecken Sie nicht vor dem Aufwand zurück. Sie können in vielem auf die Hilfe von Profis zurückgreifen – Veranstaltungsservices oder Event-Agenturen, die je nach Anforderungen und Budget die gesamte Abwicklung übernehmen, von der Bereitstellung der Musikanlage über Hostessen bis zum Blumenschmuck und Multimedia-Shows.

Checkliste Planung Tag der offenen Tür

Bestandsaufnahme

- Gibt es für das Ereignis genügend Räumlichkeiten?
- Welche Medien (Broschüren, Dia-Show, Videofilme etc.) stehen zur Verfügung?
- Was muss erneuert oder in Stand gesetzt werden?

Budget

- Was ist Ihnen das Ereignis wert (Budget gibt den Rahmen vor)?

Projektteam

- Wurde ein internes Projektteam installiert oder ein Veranstaltungsservice eingeschaltet (mindestens sechs Monate vorher)?

Ziel/Anlass und Termin

- Gibt es einen für die Öffentlichkeit attraktiven Anlass?
- Wurde ein genauer Termin festgelegt? (am besten eignen sich Samstage oder Sonntage - mit dem Betriebsrat abstimmen; das Ereignis sollte nicht mit anderen lokalen Ereignissen kollidieren)
- Was soll im Unternehmen gezeigt werden?
  Konzentrieren Sie sich räumlich auf den aktuellen Anlass der Veranstaltung (wichtig: sensible Unternehmensbereiche sollten für die Besucher nicht zugänglich sein). Achten Sie auf eine ständige Betreuung der Gäste durch Ihre Mitarbeiter.

Organisation

- Wurde eine Einladungsliste formuliert?
  Legen Sie die Art und Form der Einladung fest.
- Gibt es einen Parcours durch das Unternehmen, der sich an den Zielen der Veranstaltung orientiert?

- Stehen die Geschäftsführung und weitere kompetente Mitarbeiter in bestimmten Zeitintervallen zur Information und Diskussion zur Verfügung?

- Ist eine professionelle Pressebetreuung gewährleistet?

- Stehen genügend Parkplätze bereit?

- Wurden Werbegeschenke und Infomaterial vorbereitet?

- Gibt es zur Auflockerung ein passendes Rahmenprogramm (kleiner Imbiss, Getränke, Musik, Belustigungen für Kinder)?

- Wurde im Anschluss an das Ereignis Pressematerial an diejenigen Journalisten geschickt, die nicht kommen konnten?

- Wurde eine eigene Pressemitteilung herausgegeben, die den Verlauf, Besucherzahlen und die Resonanz der Gäste dokumentiert?

- Gibt es umfassende Informationen für die Mitarbeiter?

Resonanzkontrolle

- Holen Sie die Meinungen von Mitarbeitern, Anwohnern und anderen wichtigen Zielgruppen ein?

- Dokumentieren Sie das Presseecho?

- Haben Sie die Stärken und Schwächen der Organisation mit dem Projektteam analysiert?

3.3 Kommunikation und Kundenbindung: Aktives Beziehungsmanagement

In der Marketingpraxis ist noch nie soviel über Kundenbindungskonzepte diskutiert worden wie in den vergangenen Jahren: „Relationship Marketing", „Kundenbindungsmanagement", „Kundentreue" stellen Problemlösungsansätze dar, um individuellen Kundenbedürfnissen noch effizienter gerecht zu werden.

Der Grund dafür überrascht nicht: Nur die dauerhafte Bindung von Kern-zielgruppen an das Unternehmen sichert nachhaltig den wirtschaftlichen Erfolg. Da sich viele Produkte aber kaum noch voneinander unterscheiden, zeigen Kunden immer weniger Produkttreue. Um den Herausforderungen am Markt erfolgreich zu begegnen, ist es daher notwendig, in dauerhafte Kundenbeziehungen zu investieren.

Dazu können verschiedene PR-Instrumente einen Beitrag leisten.

3.3.1 Das Kundenfest

Gestalten Sie die Freizeit Ihrer Kunden mit einem attraktiven Fest. Einen Anlass für eine Veranstaltung findet sich immer: Den bietet die Einführung eines neuen Produkts oder ganz einfach der Saisonbeginn. Es liegt in der Natur der Sache, dass sich die Kunden lange an eine solche Veranstaltung erinnern. Die emotionale Beziehung zwischen dem Anbieter und seinen Stammkunden wird dadurch erheblich stabilisiert.

Praxisbeispiel:

Ein Anbieter von Reisemobilen veranstaltet regelmäßig zur Urlaubs-saison speziell für seine Stammkunden (inklusive Familien) ein Fest, bei dem Erfahrungsaustausch und die Vorstellung neuer Modelle und Produkte im Vordergrund steht. Bei dieser Gelegenheit werden Preise für die besten zuvor eingesandten Reisevideos des letzten Urlaubs vergeben. Von Jahr zu Jahr wird den Gästen aber darüber hinaus etwas geboten, was sie noch nicht kennen: eine Ballonfahrt vom nahen Regionalflughafen oder ein Einführungskurs im Golfspielen. So kann man die Aufmerksamkeit für eine Veranstaltung erhöhen und damit aktive Kundenbindung betreiben.

Mit guter Planung Pannen vermeiden

Jede Veranstaltung des Unternehmens, ob Kundenfest, Tag der offenen Tür oder Jubiläen, sollte unter Marketing- und PR-Gesichtspunkten gesehen sorgfältig geplant und abgewickelt werden.

Checkliste Veranstaltungsplanung

- Bevor Sie die Planung in Angriff nehmen, sollten Sie bestimmen, welche Ziele Sie mit der Veranstaltung erreichen wollen.
  - Neue Kunden gewinnen
  - Bestehende Kontakte pflegen
  - Neue Produkte vorstellen

- Welche Veranstaltungsform eignet sich am besten, um die Ziele und Zielgruppen zu erreichen?
- Welche Kernbotschaften sollen kommuniziert werden?
- Welche Programmhöhepunkte eignen sich am besten als lang wirkender Erinnerungsanker?
- Wie viele Teilnehmer werden erwartet?
- Wurde die Lokalpresse eingeladen?
- Sind zur Vorbereitung und zur Umsetzung die Verantwortlichkeiten und die Funktionen klar definiert?
- Wird ein externer Veranstaltungsservice in die Planungen mit einbezogen?
- Wurde ein Kostenrahmen festgelegt?
- Gibt es einen Zeitplan, der auch Zeitpuffer berücksichtigt?
- Welche Maßnahmen eignen sich zur Erfolgskontrolle?

Sicherlich – Veranstaltungen kosten Geld, bieten aber auch eine einmalige Chance für Ihr Unternehmen, nachhaltige Wettbewerbsvorteile zu schaffen.

Praxistipp: Knappe Budgets

Suchen Sie Partner, die sich an Kosten und Organisation beteiligen. In Frage kommen Vertragslieferanten, aber auch der örtliche Metzger und der Getränkevertrieb. Bieten Sie die Veranstaltung als Werbeplattform an.

Infoservice – Wichtige Adressen

www.agenturcafe.de
Der Branchendienst für Kommunikationsprofis: viele Tipps, Suchmaschinen, Linklisten und aktuelle Kommunikationsthemen

www.horizont.net
Branchentreffpunkt für Marketing und Medien, aktuelle Branchennachrichten, Infos und Links zu PR-Dienstleistern

www.werwowas.wuv.de

Das Dienstleisterverzeichnis für Marketing und Kommunikation aus 70 wichtigen Bereichen (auch PR-Agenturen)

3.3.2 Die Kundenzeitschrift

Ob Uhrenhersteller, Handwerker, Hotelbesitzer oder Automobilunternehmen – immer mehr Unternehmen setzen heute Kundenzeitschriften als Mittel für ihre Öffentlichkeitsarbeit ein. Die Aufmachung reicht von Publikationen in Zeitungsoptik über Lifestyle-Magazine bis zu kostengünstigen Newsletter-Varianten.

Bei allen Kundentiteln ist die Zielsetzung ähnlich: Durch die Herausgabe einer Kundenzeitschrift wollen Unternehmen den Kontakt zu ihren Kunden oder Geschäftspartnern pflegen sowie das Vertrauen in die Unternehmenspolitik stärken.

Das Medium ist für diese Zwecke ein ideales Instrument. Über die optische Aufmachung, die Themenwahl und die Umsetzung der Themen entwickelt sich eine Leser-Blatt-Bindung, die auch zu einer langfristigen

Bindung zwischen dem Unternehmen und seinen Zielgruppen führt. Für den Leser wird eine Möglichkeit geschaffen, sich kontinuierlich ein Bild vom Unternehmen zu machen. Das schafft Vertrauen – eine zentrale Grundlage für eine stabile Geschäftsbeziehung.

Erfolgsfaktor Professionalität

Für den Boom der Kundenzeitschrift sind zwei Gründe verantwortlich: In Zeiten gesättigter Märkte steigt der Stellenwert der Kommunikation mit den Zielgruppen ständig. Und angesichts eines zunehmenden Bedürfnisses nach Orientierungswissen werden die potenziellen Leser offener für die Botschaften der Unternehmen. Immer mehr Konsumenten definieren sich im Zeitalter der Informationsgesellschaft über ihr Medienverhalten und werden gleichzeitig in der Mediennutzung immer anspruchsvoller.

Vor dem Hintergrund dieser Entwicklung wächst der Professionalisierungsdruck bei der Konzeption und Realisierung von Unternehmenspublikationen. Wenn das Medium Kundenzeitschrift langfristig erfolgreich und zielorientiert eingesetzt werden soll, reicht es nicht aus, Werbebroschüren als Kundenmagazine zu deklarieren und kritiklose Selbstdarstellungen oder plumpe PR-Berichte in eigener Sache abzudrucken. Wie alle Print-Titel muss sich auch die Kundenzeitschrift an den Interessen und Informationsbedürfnissen ihrer Zielgruppen orientieren. Sie steht aus Lesersicht im Medienwettbeweb mit anderen privat oder beruflich genutzten Titeln.

Die sich daraus ergebenden Konsequenzen für den Erfolg der Kundenzeitschrift sind offenkundig:

- Inhalte, Layout und Machart müssen sich an professionellen Maßstäben messen lassen.

- Unterhaltungswert, nützliche und glaubwürdige Informationen, eine zielgruppengenaue Adressierung und Kontinuität in Auftritt und Erscheinungsweise schaffen langfristige Leserbindung.

- Eine professionell gemachte Kundenzeitschrift bietet die Chance, einen Dialog mit den Zielgruppen aufzubauen. Eine beachtete und gelesene Unternehmenspublikation dokumentiert den Kurs des Unternehmens, aktiviert ihre Leser und bringt das Unternehmen und seine Leistungen in Erinnerung.

Dies stellt die Weichen für eine erfolgreiche Kundenzeitschrift:

Kompetentes Fachpersonal ist ein Muss

Da die PR-Instrumente Kundenmagazine oder Newsletter nur dann funktionieren, wenn sie journalistisch gut gemacht sind, sollten Sie die vorhandene interne Kompetenz für die Betreuung des Objektes prüfen. Dies umfasst journalistisches Know-how ebenso wie die Koordination des internen Informationsflusses und die professionelle Zusammenarbeit mit externen Dienstleistern.

Dabei bietet es sich an, die Kundenzeitschrift organisatorisch in der Abteilung Öffentlichkeitsarbeit anzusiedeln:

Diese Zuordnung hat vor allem folgende Vorteile:

- Die PR-Stelle zeichnet sich in der Regel durch die nötige Nähe zur Geschäftsführung aus.

- Die in der Pressestelle tätigen Mitarbeiter sind routiniert in allen sensiblen Bereichen der Öffentlichkeitsarbeit.

- Die journalistische und organisatorische Kompetenz, die sie im Umgang mit Medienvertretern und der interessiert-kritischen Öffentlichkeit haben, kann optimal für die Entwicklung einer zielgruppengerechten Kundenzeitschrift genutzt werden.

In jedem Fall ist es unabdingbar, den internen Informationsaustausch mit den verschiedenen Abteilungen des Unternehmens zu regeln. Darüber hinaus ist es wichtig, innerhalb des für die Zeitschrift verantwortlichen Teams eine eindeutige Kompetenzverteilung abzusprechen. Beispielsweise bietet sich an, dass der Pressesprecher auch als Chefredakteur für die grundsätzliche Ausrichtung des Titels und für die Inhalte der einzelnen Artikel verantwortlich ist. Die routinemäßigen Arbeitsabläufe übernimmt ein Mitarbeiter der PR-Stelle, der Ansprechpartner für die Koordination mit allen Abteilungen des Unternehmens und den möglichen externen Dienstleistungspartnern ist.

Die Arbeit der internen Redaktion wird durch regelmäßige Informationsgespräche mit den Abteilungsleitern unterstützt. Eine fest etablierte Redaktionskonferenz beschleunigt den Informationsfluss und fördert den für eine erfolgreiche Kundenzeitschrift notwendigen unternehmensinternen Dialog.

Externe Dienstleister mit verlegerischem Know-how

Der ausgeprägte Qualitätsanspruch der Leser an Kundenzeitschriften macht deutlich, wie wichtig für Unternehmen die richtigen externen Partner mit verlegerischem Know-how sind.

Um eine Kundenzeitschrift zu realisieren, sind Dienstleistungen aus verschiedenen Bereichen nötig: Konzeption – Redaktion – Bildbeschaffung – Grafik – Herstellung – Vertrieb. Für jeden dieser Bereiche stellt sich die Frage: Selbstmachen oder einkaufen? Eine Pauschalantwort ist schwierig – die ideale Lösung wird immer vom einzelnen Unternehmen, den gestellten Anforderungen und dem internen Know-how abhängig sein.

Auch wenn die unternehmensinterne Konzeption der Kundenzeitschrift abgeschlossen ist, sollten im nächsten Schritt weitere Dienstleister eingebunden werden, die nicht aus der Werbewelt kommen, sondern auf die Realisierung von Zeitschriften spezialisiert sind. Vielfach übernehmen Redaktionsbüros, Agenturen und Verlage die gesamte Betreuung einer Kundenzeitschrift – von der Unterstützung in der Konzeptionsphase über die Redaktion bis hin zum Druck und Vertrieb.

Infoservice – Wichtige Adressen

www.agenturcafe.de
Studien/Umfragen zu Zielen und Potenzialen von Kundenzeitschriften aus unterschiedlichen Branchen

www.wuv.de
Überblick über die 20 besten Kundenzeitschriften des Jahres 2001 und 2002

www.google.de
Stichwort „Kundenzeitschriften": Übersichten und Informationen zu Dienstleistern, Kundenzeitschriften einzelner Branchen, Marktstudien und Rankings der besten deutschen Kundenzeitschriften

Konzeptionelle Überlegungen

Image fördern und Sympathie wecken sind die wesentlichen Ziele der Öffentlichkeitsarbeit – das Medium Kundenzeitschrift kann dazu ein ideales Vehikel sein. Allerdings müssen Sie einige konzeptionelle Überlegungen anstellen, damit eine langfristige Leserbindung gelingt.

Praxistipp: Beschaffen Sie sich die Kundenzeitschriften der wichtigsten Mitbewerber und analysieren Sie diese hinsichtlich Konzeption, redaktionellen Schwerpunkten und Aufmachung.

Folgendes Rasterkonzept erläutert am Beispiel eines geplanten Newsletters, welche Überlegungen wichtig sind:

Praxisbeispiel:

Grundaussagen für ein Newsletter-Konzept der Merlox AG – ein Unternehmen mit Weiterbildungsangeboten für die IT-Branche

Grundsätzliche Erfolgsfaktoren

Alleinstellungsmerkmale

- Wertanmutung durch exklusive Information = hoher Informationsgehalt
- Mischung aus Information, Service und Aktion = konkreter Nutzwert
- Journalistische Glaubwürdigkeit durch Themenvielfalt
- Interaktion für den Leser durch spezielle Angebote
- Keine Lobhudelei des eigenen Unternehmens

Die Titelseite

- Headlines, die neugierig machen
- Lesefreundliche Gestaltung
- Klare Absenderangabe

Der Inhalt

- klare Rubriken einrichten und beibehalten
- Lesegewohnheiten beachten, Auge wandert von links oben nach rechts unten (Z-Lesekurve)
- Einfache und klare Struktur und Sprache der Artikel
- Rechte Seite wird eher wahrgenommen als linke Seite
- Editorial mit Botschaft des Herausgebers oder eines Gastes
- Leitartikel oder Specials nutzen
- Personalien
- Infokästen und Statistiken mit Kernaussagen
- Tipps und Termine
- Mut zur Selbstkritik
- Impressum

Leser-Responsemöglichkeiten

- Responsemöglichkeiten einbauen (Autoren oder Ansprechpartner am Ende des Artikels direkt nennen) – „Dialogboxen"
- Leserumfragen mit „exklusiven Preisen"
- Leser-/Kunden-Workshops organisieren
- Service-Hotline oder Service-Fax
- Preisausschreiben

Vier Thesen zum MERLOX-Newsletter

Motto: Nur wenn unsere Kunden und Partner erfolgreich sind, sind auch wir erfolgreich.

These 1: Leser bindet man nicht durch ständige Hinweise auf die Corporate Identity des Unternehmens. Mit anderen Worten: Der Aufruf „Kauft MERLOX!" ist verpönt.

These 2: Information – Orientierung – Service sind die Eckpfeiler des redaktionellen Konzepts.

These 3: Im Vordergrund stehen dabei nicht die Produkte und Dienstleistungen, sondern redaktionelle Beiträge, die das Lebensgefühl und die Arbeitswelt der Leser widerspiegeln sollen und sich ihnen von der emotionalen Seite nähern.

Im Spannungsfeld Mensch – Bildung – Wirtschaft geht es darum, Inhalte vorzubereiten, sie in die Diskussion zu bringen, um Bewusstseinsbildung bei den Lesern zu erreichen.

These 4: Reportagen, Essays, Interviews, Hintergrundberichterstattung und Branchennews – mit konkretem Nutzwert – zu Kernthemen aus den Bereichen

- Bildung/Hochschule
- E-Business
- Weiterbildung/Beruf und Karriere
- StartUp/Existenzgründung

dienen als Spiegelbild der Philosophie und Leistungsfähigkeit der Marke MERLOX und vermitteln Informationen über die Welt, in der die MERLOX AG agiert. In diesem Zusammenhang sollte der Kurs des Unternehmens dokumentiert werden, das Unternehmen aber zurückhaltend dargestellt werden.

Externe Herausgabeziele und Zielgruppen

- Kunden und Partner
  - Marke und Dienstleistungen bekannt machen
  - Markenimage aufbauen
  - Kundenbindung erhöhen
  - Vernetzung aufbauen
  - Adressen für weitere Marketingaktivitäten sammeln
  - Spezielle Informationen für Nutzerkreis – Exklusivität
  - Mehrwert durch vernetzte, integrierte Kommunikationsstrategie
  - = Newsletter print/online
  - dauerhafte Partnerschaften entwickeln

- Multiplikatoren
  - Informationspolitik aufbauen und Image aufbauen und verstärken

Titelvorschlag

MERLOXmedia 1.0
Campus Company News

MERLOXupdate 2.0
Campus Company Online News

Format, Umfang und Erscheinungsweise

DIN A4, 4 Seiten; Printausgabe: 4x pro Jahr
Newsletter online: 1x pro Monat

Rubriken

- Trends und Positionen
  - Markttrends
  - Branchen-News ("News-Ticker")
  - Bühne für Diskussionen mit Vordenkern aus den Bereichen Bildung/
    Hochschule, E-Business, Weiterbildung/Beruf und Karriere, Existenz-
    gründung

- Karriere und Märkte
  - Kurzportraits von erfolgreichen Existenzgründern
  - Weiterbildungskonzepte in Unternehmen
  - z. B. wenn über Trends in der Weiterbildung berichtet wird, werden
    im Artikel die Angebote von MERLOX angerissen. So verknüpft
    man nutzwerte Informationen gleich mit absatzpolitischen Instru-
    menten.
  - Hochschule/Bildung der Zukunft
  - Ausbildungsberufe IT-Sektor
  - Personalien

- Ideen und Innovation
  - Mittelstand und E-Business
  - Zeitungen online
  - IT-Projekte/Entwicklungen
  - B2B-Plattformen/E-Commerce
  - Produktinnovationen an Anwender orientiert und mit detaillierten
    Fachinformationen und Tipps zum Handling

Cross Publishing – Newsletter online

Leitgedanke:
Network statt Patchwork!
Es genügt nicht, lediglich die Printausgabe ins Internet zu stellen.

1. Effizientes Cross Publishing heißt:

Vernetzung zwischen Newsletter print und Online-Ausgabe, z.B. Newsletter 4x im Jahr, Internet-Newsletter monatlich aktualisieren

Newsletter bietet Links und Querverweise mit zusätzlichen Informationen
in der Online-Ausgabe, z.B. Newsletter leitet die Leser auf die MERLOX-
Website, dort Online-Buchung von IT-Seminaren oder Anmeldung zu
Messen

2. Erfolgsfaktoren

- Internetlogik beherzigen
  - Inhalte häufig aktualisieren
  - Verzicht auf aufwendige Bilder wegen zu hoher Ladezeiten
  - Kurze Texte
  - Schnelle, übersichtliche und aktuelle Aufbereitung der Informa-
    tionen
  - Thematische Strukturierung, Rubrizierung und Orientierungshilfen
    entsprechen der Printausgabe
  - Ständig aktualisierte NEWSSPALTE
  - Dialoginstrumente „Dialog-Button", z.B. einzelne Texte auswählen
    und die Informationen runterladen
  - Internetarchiv mit Zugriff auf ältere Ausgaben
  - Leser bei Themenplanung einbinden
  - Leserbefragungen
  - Veranstaltung von Chat-Sitzungen, z.B. mit Projektteams, dem
    Vorstandsvorsitzenden oder dem Bereich Unternehmens-
    kommunikation zu aktuellen Themen

Die folgende Checkliste gibt Ihnen einen Überblick über die inhaltlichen
Schwerpunkte einer Kundenzeitschrift

Checkliste Inhalte

- Hintergrundinformationen zu innovativen Produkt- und Dienstleistungskonzepten
- Darstellung von Forschungs- und Entwicklungsprojekten
- Dokumentation von Aus- und Weiterbildungskonzepten
- Beteiligung an Umweltprojekten
- Beschreibung von Sponsoringaktivitäten

Branchennachrichten

- Dokumentation von Messebeteiligungen
- Beschreibung von Entwicklungstendenzen der Branche
- Referenzprojekte: Darstellung des erfolgreichen Einsatzes der Produktpalette bei ausgewählten Kunden
- Buchtipps: Rezensionen zu Neuerscheinungen aus Wirtschaft und der Branche
- Gastkommentar: Fachleute nehmen Stellung zu branchen-spezifischen Themen

Unternehmensunabhängige Themen
Zielgruppe: Endverbraucher

- Reportagen über Städte, Regionen
- Kulturelle Aktivitäten: Theater- und Konzertangebote, Event-Kalender
- Interview mit Personen aus Wirtschaft, Politik und Kultur
- Rubrik Leserbriefe
- Preisausschreiben

Mit der Entwicklung eines Themenplans steht und fällt die Qualität einer Kundenzeitschrift. Gleich bleibende Qualität wird erreicht, wenn die Inhalte vorgeplant werden – die Schwerpunktthemen über fünf Ausgaben, für zwei bis drei Ausgaben die übrigen Themen.

Wie ein Themenplan für einen Newsletter aussehn kann, zeigt das folgende Beispiel.

Praxisbeispiel: Themenplan für eine Newsletter – Ausgabe der MERLOX AG

Rubrik Campus

- Das MERLOX-Unternehmenskonzept
- Wissen und Markt – Vom Fachwissen zur Handlungskompetenz
- Staatliche versus private Bildung
- Was bedeutet marktorientierte Bildung?

Rubrik E-Business

- Burda startet Frauenmagazin und Internetportal „vivi@n"
- Welche Anforderungen stellt die New Economy an die Manager und Unternehmer?
- Neue Züricher Zeitung mit neuem Online-Auftritt
- Netzgeschäfte mit Haus und Grund – Immobilienportale
- Zukunft des E-Business/3. Handelsblatt – IT-Zukunftsforum

Rubrik Weiterbildung

- Virtuelle Universität – Online-Angebote für Fort- und Weiterbildung
- Neue Studiengänge für die IT-Branche
- Mehr Durchblick auf dem Weiterbildungsmarkt – Neue Datenbank der IHKs und Handelskammern
- Das Wissen ist noch nicht ausverkauft – Weiterbildungs- und Umschulungskonzepte der MERLOX AG
- Die Rolle der Persönlichkeit und des unternehmerischen Denkens im Markt für IT
- Erfolgsfaktoren des E-Learning: Nutzen, Effizienz und Synergien

Rubrik StartUp

- Wie Nokia Gründer finanziert

- Post gründet Venture-Capital-Gesellschaft

- START – Die Existenzgründer- und Unternehmermesse für Deutschland

Rubrik Life

- Nutzer bemängeln Kreativität und Ideenreichtum im Netz

- Größtes Internet-Café Deutschlands in München eröffnet

- Harry online – die „Pottermania" erreicht das Internet

- Motivationsstrategien in Internetfirmen

3.3.3   Vortrag, Workshop, Symposium

Vorträge – profilieren Sie sich als Experte

Vorträge sind ausgezeichnete Profilierungsmaßnahmen, die Ihre Bekanntheit und Ihr Expertenimage fördern. Es ist deshalb empfehlenswert, aktiv Gelegenheiten wahrzunehmen, um bei Anlässen von Verbänden, Industrie- und Handelskammern oder bei Seminaranbietern zu referieren.

Wie erhalten Sie Einladungen zu Vorträgen?

- Nehmen Sie Kontakt zu den IHKs in Ihrer Region auf und fragen Sie nach der Möglichkeit, im Rahmen der Veranstaltungen einen Fachvortrag zu halten.

- Auch Messen, Kongresse oder Fachtagungen veranstalten Workshops zu verschiedenen Fachthemen, bei denen die Möglichkeit besteht, als Redner aufzutreten.

Workshop und Symposium – Kompetenz für Ihre Zielgruppen

Je nach Branche und Dienstleistungszweig und Kundenstruktur bietet sich die Organisation eigener Workshops und Symposien an, die Sie zu einem Ereignis für Ihre Zielgruppen ausbauen können.

Als Themen bieten sich beispielsweise an: neue Trends aus Ihrer Branche oder innovative Marketing- und Dienstleistungsideen. Sie können kompetente externe Vertreter einladen, die zu den Themen Stellung nehmen – mit anschließender Diskussion. Auf der Einladungsliste dürfen die Medienvertreter natürlich nicht fehlen.

Derartige Veranstaltungen haben eine Vielzahl von Vorteilen. Einerseits profitieren Sie von den Pressekontakten, andererseits können sich neue Geschäftskontakte zum weiteren Ausbau Ihres Netzwerkes ergeben.

Für die Vorbereitung von Workshops und Symposien gelten aus Sicht der Öffentlichkeitsarbeit bestimmte Kriterien, die in nachfolgender Checkliste zusammengefasst sind.

Checkliste Welche Gründe sprechen für Workshops und Symposien?

- Gibt es ein Thema von allgemeinem Interesse, das wir seitens der Unternehmens-PR nutzen sollten?

- Haben wir Chancen bei diesem Thema, unsere Position positiv darzustellen?

- Gelten wir als so kompetent, dass man unsere Veranstaltung besuchen würde?

- Sollten wir vielleicht eine Institution unterstützen, die Symposien und Workshops durchführt, und uns als Kooperationspartner einbringen?

- Ist das Ergebnis so interessant, dass wir dadurch die Chance für eine positive Presse-Resonanz und weitergehende Geschäftskontakte erhalten, die im richtigen Kosten/Nutzen-Verhältnis stehen?

- Haben die Ergebnisse des Workshops oder des Symposiums einen konkreten Nutzen für die teilnehmende Zielgruppe?

- Wird die Veranstaltung als neutral eingestuft oder könnte sie als Werbeveranstaltung unseres Unternehmens gewertet werden?

- Entsprechen derartige Veranstaltungen unserem Image im Markt?

4 So kommen Sie in die Medien

Unternehmen stehen in der Öffentlichkeit und sind gesellschaftlichen Entwicklungen unterworfen. Der Austausch mit der Öffentlichkeit über die Medien ist deshalb ein wichtiger Schritt, sich am gesellschaftlichen Dialog zu beteiligen und die Diskussion mitzugestalten. Den Zugang zur Öffentlichkeit über die Medien zu skizzieren und wichtige PR-Instrumente vorzustellen ist das Thema des folgenden Kapitels.

4.1 Über den Umgang mit Journalisten und Medien

Vor dem Hintergrund der Erkenntnis, dass die heutige Medienvielfalt keinen Informationsbedarf erzeugt, sondern ein Überangebot produziert, wird deutlich, dass erfolgreiche Medienarbeit an gewisse Voraussetzungen gebunden ist. Dies stellt die Weichen für die Gestaltung professioneller Kontakte zu den Redaktionen:

• Kritische Selbstanalyse – Haben Sie das richtige Angebot?
Wenn Sie einer Redaktion etwas anbieten wollen, ist es von entscheidender Bedeutung, auf die Inhalte zu achten: Besitzt das Thema Nachrichtenwert für die Medien und damit in der Öffentlichkeit? Können die Inhalte neben anderen Artikeln bestehen?
Bedenken Sie also: Die Redaktionen brauchen aktuelle „Aufhänger" und Ereignisse, denn das interessiert die Leser.

Praxistipp: Verfolgen Sie regelmäßig in den für Sie wichtigen Tageszeitungen und Fachzeitschriften, welche Themen für welche Medien interessant sind und wie Unternehmensnachrichten aufbereitet werden. So können Sie sich auf die speziellen Informationsbedürfnisse der Journalisten besser einstellen.

• Behandeln Sie Journalisten wie Ihre Kunden
So, wie Sie Aufträge im persönlichen Verkaufsgespräch akquirieren und mit Ihren Marketingaktivitäten langfristige Kundenbeziehungen entwickeln, sind für eine erfolgreiche Zusammenarbeit persönliche und kontinuierliche Kontakte zu den Medienvertretern unerlässlich.

Für den Aufbau und die Pflege der Kontakte gilt: Medienarbeit ist eine Investition – Erfolge können auf sich warten lassen. In jedem Fall ist es empfehlenswert, mehrere Wege zu beschreiten. Wenn ein Journalist von sich aus den Kontakt zum Unternehmen gesucht hat, gilt es, die Verbindung aufrecht zu erhalten und zielgerichtet auszubauen. Journalisten der Lokalpresse ebenso wie die Vertreter der überregionalen Zeitungen vor Ort sollten Sie aber auch persönlich ansprechen. Melden Sie sich also von Zeit zu Zeit persönlich bei den Journalisten und informieren Sie sie über die Entwicklung Ihres Unternehmens oder Ihrer Produkte.

Laden Sie zum Beispiel anlässlich eines Ereignisses in Ihrem Unternehmen immer auch die Medienvertreter ein: Kümmern Sie sich um den Journalisten, seien Sie offen und dialogbereit. Versorgen Sie den Reporter vorab mit einer Zusammenfassung des Ereignisses, mit den wichtigsten Daten und Fakten. Das stärkt das Vertrauen – ein persönliches Verhältnis entwickelt sich. Im Gespräch besteht so auch die Möglichkeit, bereits informell zu klären, ob ein Thema eine Chance zur Veröffentlichung hat oder nicht. Vielleicht erarbeiten Sie auch gemeinsame Ideen, die zur Veröffentlichung von Artikeln führen.

Eines wird deutlich: Es kommt entscheidend auf eine positive Atmosphäre zwischen Ihnen und den zuständigen Redaktionen und Journalisten an, die über Sie und Ihr Unternehmen berichten sollen.

Auch wenn über ein Ereignis, das Sie für besonders wichtig halten, nicht berichtet wurde, sollten Sie sich nicht durch ein erstes Nein frustrieren lassen und den Kontakt abbrechen. Denn: Was wann wie veröffentlicht wird, wollen die Redaktionen selbst entscheiden. Mit „druckvollem" Nachhaken und dem Versuch der Einflussnahme auf redaktionelle Belange erreichen Sie häufig das Gegenteil.

Und noch etwas: Wie in allen Verkaufsgesprächen gilt auch bei der Pressearbeit: Der Grund für den Erfolg ist oft eine Mischung aus Vorbereitung, Strategie, Sympathie und Glück.

- Medienkenntnis ist das A und O
  So wie Sie den Markt und die Zielgruppen für Ihre Produkte oder Dienstleistungen kennen, sollten Sie auch über die Märkte Bescheid wissen, auf denen Sie Ihre Informationen vermarkten wollen. Das bedeutet: Ungezielte Presse-Mailings bringen ebenso wenig Erfolg wie Anrufe in Redaktionen, deren Medien nicht richtig bekannt sind. Pressearbeit beginnt also mit dem Studium der Medien und Publikationen, dem Sichten der Themenpaletten sowie der Recherche von Journalisten in den jeweiligen Redaktionen.

4.2 Praktische Pressearbeit

4.2.1 Der Presseverteiler: So beschaffen und verwalten Sie Adressen

Bevor Sie mit den Medienvertretern in Kontakt treten können, müssen Sie erst einmal recherchieren, um sich die Adressen der Redaktionen zu beschaffen. Sie brauchen also je nach Ausrichtung Ihres Unternehmens:

- die Anschrift der Redaktion Ihrer lokalen Tageszeitungen

- die Redaktionsadressen von anderen lokalen Medien wie zum Beispiel der lokalen Radiosender oder Anzeigenblätter

- die Adressen der branchenspezifischen Fachzeitschriften

Wie kommen Sie nun an die verantwortlichen Redakteure auf den einfachsten Weg heran? Werfen Sie einen Blick in das Impressum der Ihnen bereits vorliegenden Tageszeitungen oder Fachzeitschriften. Dort können Sie Angaben über den Herausgeber, den Verlag und die Redaktion mit Anschriften, Telefon- und Telefaxanschlüssen sowie E-Mail-Adressen entnehmen. Im Impressum finden Sie in der Regel auch die Namen der verantwortlichen Redakteure. Somit haben Sie einen ersten Anhaltspunkt für eine Kontaktaufnahme.

Da Sie nicht alle Zeitungen und Fachzeitschriften kennen werden, die für Ihre Pressearbeit in Frage kommen, gibt es noch weitere Recherchequellen: an Redaktionsadressen kommt man auch über die entsprechenden Nachschlagewerke heran, die unter ihrem Namen bekannt sind – beispielsweise der „Zimpel" oder der „Stamm" (Adressen siehe im Abschnitt Info-Service, S. 56).

Mit Hilfe dieser Verzeichnisse wählen Sie die für Ihre Pressearbeit wichtigen Redaktionen aus.

Praxistipp: Schreiben Sie die Verlage an und bitten um Zusendung eines Exemplars der aktuellen Ausgaben, der Anzeigenpreisliste sowie der Redaktionsthemenpläne. Diese Unterlagen versetzen Sie in die Lage einzuschätzen, ob das Medium für Ihre PR-Aktivitäten interessant ist. Aus dem Impressum entnehmen Sie den Namen des zuständigen Redakteurs. Wenn Sie die anzusprechenden Redaktionen ausgewählt haben, empfiehlt es sich – analog Ihrer Kundendatenbank –, ein Verzeichnis der Redaktionen, den so genannten Presseverteiler, anzulegen.

Folgende Checkliste gibt Ihnen einen Überblick über die wichtigsten Daten, die für jede Redaktion in Ihrem Presseverteiler angelegt werden sollten:

Checkliste Presseverteiler
• Name des Mediums
• Name der Redaktion
• Name des zuständigen Redakteurs
• Adresse der Redaktion (nicht immer identisch mit der Verlagsanschrift)
• Telefonnummer (Zentrale und Durchwahl des Redakteurs)
• Telefaxnummer der Redaktion
• E-Mail-Adresse des Redakteurs
• Kontaktdaten: PR-Aktivitäten mit Datum und Ergebnissen Feedback des Journalisten auf Themenvorschläge etc.

Der andere Weg über Agenturen

Durch die ständige Weiterentwicklung in der Nachrichtendistribution (Redaktionssysteme, Online-Dienste etc.) muss eine zeitgemäße Medienarbeit auch dem Trend einer digitalen Verbreitung folgen.

„News Aktuell" – ein Unternehmen der dpa-Firmengruppe, hat sich auf die digitale Verbreitung von Pressemeldungen und Pressefotos an Medien im In- und Ausland spezialisiert. Mittels Satellitentechnik erhalten die Redakteure die Meldungen direkt auf ihren Bildschirm. Dort kann der Text in das Redaktionssystem eingegeben werden.

Beiträge sind durch das Kürzel „ots" für Originaltextservice zu erkennen. Dieser Dienst stellt sicher, dass Ihre Presseinformationen im Original verbreitet werden, und zwar zeitgleich bei allen tagesaktuellen Medien, Nachrichtenagenturen und sonstigen Beziehern des Dienstes. Informationen zu News aktuell und zum Medienservice unter: www.newsaktuell.de, Telefon 040-4113-2850.

Info-Service – Wichtige Adressen

Redaktionen und Verlage
www.mediendaten.de
Verlagsindex – welcher Verlag publiziert welchen Titel?
Media-Daten Verlag GmbH, Telefon 06123-7000

STAMM, Leitfaden durch Presse und Werbung, Telefon 0201-843000,
www.stamm.de
Mediadatenbank, inklusive Angaben zu verantwortlichen Redakteuren,
Erscheinungsweisen und zum Verlag – mit folgenden Mediengruppen:

*   Tages- und Wochenzeitungen

*   Nachrichtenagenturen

*   Hörfunk, Fernsehen

*   Anzeigenblätter

*   Stadtmagazine

*   Publikationszeitschriften

*   Fachzeitschriften

Zimpel, Verlag Dieter Zimpel, Telefon 089-3063850
www.zimpel.de
Mediendatenbank
Der Themenplan – Nachschlagewerk mit Sonderveröffentlichungen der
Printmedien

Kroll, Taschenbuch für die Wirtschaftspresse, Kroll-Verlag
Das Nachschlagewerk enthält Adressen von Wirtschaftsjournalisten
sowie Adressen von Redaktionen mit den Namen der Wirtschafts-
redakteure.

4.2.2   Persönliche Kontaktaufnahme mit Journalisten

Journalisten unterliegen bei ihrer Tätigkeit inhaltlichen und organisatorischen Rahmenbedingungen, die sich auf die Auswahl der Nachrichten
auswirken. Hierbei geht es einerseits um das Kriterium „Nachrichtenwert", also die Einschätzung dessen, was für die Öffentlichkeit relevant
ist. Andererseits sind es natürlich auch medienbedingte Kriterien, die bei
der Auswahl eine Rolle spielen: zum Beispiel Platzmangel in der Zeitung,
Zeitdruck, Aktualität und Vielseitigkeit der Inhalte.

Auf Grund des an dieser Stelle nur kurz skizzierten „Nadelöhrs" besitzt der Journalist einen entscheidenden Einfluss auf dem Informationsmarkt, denn er bestimmt, was die Öffentlichkeit wie wann und in welchem Umfang zu erfahren hat und in welche Richtung sich die gesellschaftliche Diskussion entwickelt. Deshalb ist das persönliche Gespräch mit Journalisten eine zentrale Säule der Öffentlichkeitsarbeit und sollte am Anfang jeder vertrauensbildenden Maßnahme zwischen den Unternehmen und Medienvertretern stehen.

Lokale und regionale Medien: Orientierung am Naheliegenden

Für mittelständische Unternehmen ist es ihrer regionalen Bedeutung gemäß vorteilhafter, sich eher an die lokalen und regionalen Zeitungen (Tageszeitungen, Anzeigenblätter) oder an regionale Hörfunksender zu wenden. Durch die überschaubarere organisatorische Struktur und die Orientierung dieser Medien an lokalen oder regionalen Zielgruppen fällt die Kontaktaufnahme leichter.

Ein weiterer Grund für die Orientierung am Naheliegenden ergibt sich aus den Bedingungen des Informationsmarktes: Meldungen, die für große überregionale Medien keinen Nachrichtenwert besitzen, können für die lokalen Medien durchaus wichtig und interessant sein. Der großartige Erfolg von Veranstaltungen anlässlich des Firmenjubiläums eines Wohnmobilausstatters aus der Region ist zum Beispiel für die Frankfurter Allgemeine Zeitung keine Wirtschaftsmeldung wert, für die lokale Presse vor Ort kann er der Aufmacher sein.

Mit diesen Anhaltspunkten kann die persönliche Kontaktaufnahme beginnen. Der erste telefonische Kontakt sollte zu einem persönlichen Gespräch führen – das fördert das gegenseitige Vertrauen. Bedenken sollten Sie dabei: Auf Grund des komplexen, journalistischen Geschäfts und des hohen Zeitdrucks haben Journalisten in der Regel nie viel Zeit, und: Bedingt durch die Abläufe einer Zeitungsproduktion fangen Zeitungsredaktionen recht spät an zu arbeiten, selten sitzt ein Journalist vor 9.30 Uhr am Schreibtisch. Dafür dauert der Arbeitstag der Redaktionen abends länger als der eines „normalen" Unternehmens. An diesen verschobenen Arbeitsrhythmus sollten Sie denken, wenn Sie einen persönlichen Gesprächstermin vereinbaren wollen.

Im ersten Kontaktgespräch, in dem Sie sich über eine Zusammenarbeit unterhalten, sollten alle Problemfelder, die Interessen sowie die Möglichkeiten und Formen von Veröffentlichungen diskutiert werden. Nachdem Sie die Ansprechpartner in den verschiedenen Medien kennen, gilt es Kontakt zu halten, diesen zu pflegen und im ständigen Gespräch mit den Redakteuren zu bleiben.

4.2.3 Pressemitteilung, Pressemappe

Die Pressemitteilung – eine Säule praktischer Medienarbeit

Mit schriftlichen Presseinformationen liefern Sie Lokal- und Wirtschaftsredaktionen Wissenswertes aus Ihrem Unternehmen direkt auf den Schreibtisch – eine der einfachsten und durchaus wirkungsvollen Möglichkeiten, seine Informationen zu verbreiten.

Allerdings gilt es zu bedenken: Ihre Pressemitteilung ist nur eine unter vielen – Redaktionen werden tagtäglich mit Informationsmaterial überhäuft. Da muss der Journalist in wenigen Augenblicken entscheiden, welche Pressemitteilung die Kriterien des Nachrichtenwertes – Aktualität, Bedeutung, Neuigkeit, Originalität – für den Leser erfüllt.

Damit Sie ihn von Ihrer Pressemitteilung überzeugen und die Chancen zur Veröffentlichung erhöhen, sind folgende Faktoren Ausschlag gebend:

- Anlass/Zeitpunkt Pressemitteilung
- Das Erscheinungsbild der Pressemitteilung
- Aufbau und Inhalt der Pressemitteilung

Welche Anlässe gibt es?

Es gibt für Sie viele wichtige Anlässe, die für Ihre Zielgruppen Nachrichtenwert besitzen.

Nachfolgend einige Beispiele für effektives Themenmanagement:

- Investitionen und Innovationsschub
  Neue Maschinen oder die Entwicklung innovativer Produkte dokumentieren den Wachstumskurs Ihres Unternehmens und die Verpflichtung, Arbeitsplätze zu sichern.

- Wettbewerb und Alleinstellung
  Ein neuer Mitbewerber am Markt sollte für Sie die Gelegenheit sein, Ihre Marktposition zu beschreiben und sich entsprechend abzugrenzen.

- Großauftrag
  Es gelingt Ihnen, einen langfristigen Großauftrag zu akquirieren.

- Neue Ergebnisse in Forschung und Entwicklung
  Fortschritte auf diesem Sektor führen zu neuartigen Produktionsabläufen.

- Wirtschaftliche Meilensteine
  Meldungen über Kooperationen, Fusionen oder Ankauf von Unternehmen

- Messebeteiligungen
  Ihr Unternehmen nimmt an einer führenden Messe teil

- Mitarbeiter und Soziales
  Die Einstellung von Auszubildenden und neue Weiterbildungskonzepte verdeutlichen, dass Ihnen Ihre Mitarbeiter etwas wert sind.

- Sponsoring
  Die Förderung eines Kindergartens oder die Unterstützung bei der Restaurierung eines historischen Brunnens der Stadt zeigen Ihr Engagement für die Erhaltung sozialer und kultureller Einrichtungen.

- Firmenjubiläum, Tag der offenen Tür, Vorträge und Ausstellungen
  Das Unternehmen feiert Jubiläum – sie bieten einen Überblick auf die Geschichte, Gegenwart und Zukunft des Unternehmens.
  Sie laden zu einem Tag der offenen Tür ein oder veranstalten einen Expertenvortrag oder eine Kunstausstellung in Ihren Räumlichkeiten.

Lassen Sie nach der ersten Pressemitteilung den Kontakt nicht abreißen. Bieten Sie den Medien regelmäßig Informationen aus Ihrem Unternehmen an, die mit der Entwicklung Ihres Unternehmens vertraut machen und ihnen das Gefühl vermitteln, dass sich in Ihrem Unternehmen etwas tut.

Nachdem Sie die Themen festgelegt haben, empfiehlt es sich, weiterhin einige Tipps und Hinweise zu beachten, die die Form und den Inhalt einer Pressemitteilung betreffen – damit die Zusammenarbeit mit den Redakteuren erfolgreich verläuft.

Das Erscheinungsbild Ihrer Pressemitteilung

Eine Pressemitteilung ist in der Regel ein bis zwei Seiten lang und hat das Format DIN A4. Am besten eignet sich Ihr Firmenbriefbogen, der deutlich mit „Presseinformation" oder „Informationen für Presse, Film und Fernsehen" überschrieben sein sollte. Der Text sollte am Ende für Rückfragen folgende Angaben enthalten:

- Name, Anschrift des Unternehmens

- Ansprechpartner (Vor- und Zuname)

- Telefonnummer mit Durchwahl, E-Mail-Adresse und Telefaxnummer

Beschreiben Sie den Bogen nur einseitig und nur auf der linken Hälfte, ideal sind 40 Zeichen pro Zeile, eine anderthalbzeilige Schreibweise und ein breiter Rand. So ist der Text übersichtlich und schnell lesbar; der Redakteur kann so in den Text problemlos Kürzungen und Bemerkungen einfügen.

So gestalten Sie Aufbau und Inhalt

Für die Erstellung von Pressetexten gibt es eine Reihe von Kriterien, die den Aufmerksamkeitswert – und damit die Chancen des Abdrucks – erhöhen. Die Orientierung an den sechs so genannten „W-Fragen" bildet dabei die Basis. Der erste Absatz muss die folgenden Fragen beantworten:

- Wer (Unternehmen oder Personen)

- Wann (Tag, Monat, Jahr des Ereignisses)

- Wo (Ort)

- Was (Anlass der Pressemitteilung)

- Wie (ausführliche Beschreibung der Umstände, z.B. Beschreibung eines neuen Produkts)

- Warum (Gründe, z.B. unter welchen Umständen kam die Produktentwicklung zu Stande)

Für den Text gilt grundsätzlich: Das Wichtigste kommt an den Anfang: die folgenden Informationen sollten nach abnehmender Wichtigkeit gegliedert werden. Der Redakteur kürzt nämlich in umgekehrter Reihenfolge, vom Ende der Pressemitteilung nach vorn, also allgemeine Erläuterungen gehören an den Schluss.

Praxistipps:

- Gliedern Sie Ihren Pressetext klar und logisch

- Schreiben Sie in einfachen Sätzen, kein Fachchinesisch und benutzen Sie keine Abkürzungen

- Zwischenüberschriften erleichtern die Orientierung

- Tatsachen und keine Werbung in Form von übertriebenen Adjektiven (gigantisch, der Beste) stehen im Mittelpunkt der Presseinformation.

- Je länger der Text ist, desto eher wird ihn der Redakteur zusammenstreichen, d.h. so knapp und informativ wie möglich.

- Nennen Sie sich beim Namen (niemals „wir"). Sie sind die Informationsquelle. Geben Sie bei der Namensnennung auch den Vornamen an (ohne „Herr" oder „Frau")

Checkliste Struktur – Pressemitteilung

- Briefkopf

- Kennzeichnung als Pressemitteilung

- Treffende Überschrift mit wichtigen Daten und Fakten

- Erster Abschnitt: die Kernaussagen nach vorne

- Weiterer Text: Zusatzinformationen, Erläuterungen, Zwischenüberschriften zur Orientierung

- Zum Schluss: Ansprechpartner, Adresse des Unternehmens, Telefon- und Telefaxnummer, E-Mail-Adresse

Gründung der MERLOX AG bringt Bewegung in das
statische Konzept traditioneller Bildungsanbieter

Frankfurt am Main, 15. September 2000. Bildung ist
ein Investment in Menschen und mehr als die Organisation von Lernen. Diesem Grundsatz folgend, haben
Rolf Benken, Dr. Christian Back, Jochen May und
Jürgen Schwarz am 21. Juli 2000 die MERLOX AG
gegründet. Zentraler Geschäftszweck der Gesellschaft
ist die Förderung von Unternehmerpersönlichkeiten
durch die Vermittlung ganzheitlichen Wissens. MERLOX
hat hierzu ein Unternehmensmodell mit vier ineinander
greifenden, technologieorientierten Geschäftsbereichen
etabliert. Die von MERLOX angebotenen Studiengänge
im Bereich Informationstechnologie bilden die Basis für
das innovative Aus- und Weiterbildungskonzept der
Gesellschaft.

MERLOX wartet neben einem attraktiven, IT-orientierten
Studienangebot mit einem Weiterbildungsangebot zur
signifikanten Erweiterung des persönlichen Wissens auf.
Darüber hinaus bietet das Unternehmen umfangreiche
IT-Serviceleistungen für Auftraggeber aus dem Bereich
der Informationstechnologie an. MERLOX unterstützt
zudem die von der Gesellschaft ausgebildeten Studen-
ten beim Aufbau eines eigenen Unternehmens durch
die Etablierung eines StartUp-Gründerzentrums.

Mit ihrem ganzheitlichen Ansatz zur Vermittlung von
fachbezogenem und persönlichkeitsbildendem Wissen
optimiert die MERLOX AG deutlich sowohl die bestehenden staatlichen als auch die privaten Bildungs- und
Hochschulkonzepte. Die Gesellschaft sieht sich infolge
ihres lückenlosen Angebotes in Deutschland als Pionier
und Trendsetter für den Wandel der Wertevorstellungen
zu den Themenfeldern Wissenstransfer und
Persönlichkeitsbildung.

Ihr Ansprechpartner:

MERLOX AG
„Ansprechpartner"
Marketing+PR
Schumannstr. 1-3   Telefon:
60325 Frankfurt am Main   Fax:
                                   E-Mail:

Die Pressemappe – Basisinformationen über das Unternehmen

Wollen Sie unterschiedliche Informationen zu einem bestimmten Anlass – Pressekonferenz, Tag der offenen Tür, Neugründung – verschicken, lohnt sich die Zusammenstellung einer Pressemappe. Sie eignet sich auch, um der Öffentlichkeit einen Überblick über das Unternehmen, seine Führungskräfte, seine Innovationskraft oder das gesellschaftliche Engagement zu geben. Hier handelt es sich um Kern- und Zusatzinformationen im Sinne einer Unternehmenspräsentation.

In diesem Zusammenhang ist es wichtig, sich an der Arbeitsweise des Journalisten zu orientieren. Er muss Informationen schnell aufarbeiten und mediengerecht wiedergeben. Bieten Sie Ihm daher eine klare Struktur mit übersichtlicher Darstellung der Themen an.

Das kann in einer Pressemappe enthalten sein:

- Datenblatt mit den wichtigsten Informationen über das Unternehmen

- Pressemitteilungen (Kurz- und Langfassung)

- Geschäftsbericht

- Kurzbiografien und Portraitphotos der Geschäftsführer und Führungskräfte

- Hintergrundinformationen zu zentralen Themen des Unternehmens (Unternehmensphilosophie, Statements/Reden des Inhabers, Unternehmensgeschichte)

- Bereits erschienene Presseberichte

- Unternehmensdarstellung

- Grafiken (Fotos von Produkten und Produktionshallen etc.)

- Ansprechpartner

Info-Service – Wichtige Adressen

www.zimpel.de
Service und Tools für professionelle Pressearbeit

- Kampagnenservice

- Fax-/E-Mail-Versand

- Recherche, Distribution
- PR-Marktplatz im Internet für Pressestellen

www.firmenpresse.de
Der kostenlose Service für Pressearbeit

Die Pressemitteilungen werden in der Datenbank unter der zugehörigen Branche abgelegt. Neben reinen Textinformationen können Bilder und weitere Links abgelegt werden. Die Redaktionen der Fachmagazine und Zeitschriften werden von Firmenpresse.de automatisch informiert.

www.pressemitteilung24.de
Serviceanbieter, der per Fax oder E-Mail Pressemitteilungen an Zeitungen, TV-Sender und Radiostationen versendet. Der Verteiler umfasst 12.000 aktuelle Redaktionsadressen.

4.2.4   Das Pressegespräch

Gibt ein es aktuelles oder wichtiges Thema, über das Sie die Medienvertreter Ihrer Region informieren möchten, sollten Sie zu einem Pressegespräch einladen. Im Gegensatz zur Pressekonferenz beschränkt sich der Teilnehmerkreis meist auf vier bis acht wichtige Journalisten. Hier können Sie gezielt Hintergrundinformationen vermitteln – auch dann, wenn der Anlass keine offizielle Pressekonferenz rechtfertigt. Die Vorteile eines Pressegesprächs liegen auf der Hand:

- Möglichkeit, gleich mit mehreren Journalisten ins Gespräch zu kommen
- Die Medien können individueller bedient werden.
- Dient zum Aufbau eines Vertrauensverhältnisses zwischen dem Unternehmen und den Medienvertretern
- Der organisatorische und finanzielle Aufwand gegenüber einer Pressekonferenz ist geringer.

Sorgfältige Planung ist das A und O

Auch wenn das Pressegespräch – im Vergleich zur Pressekonferenz – in einem kleineren Rahmen stattfindet, sollten Sie die Veranstaltung sorgfältig vorbereiten:

- Klären Sie vorab mit den Ihnen wichtigen Redaktionen, ob das gewünschte Thema wirklich von Interesse ist. Eine frühzeitige Terminabsprache mit den Medienvertretern ist ebenfalls empfehlenswert, um zu erfahren, ob zum selben Termin noch andere Presseveranstaltungen stattfinden.

  So können Sie sicherstellen, dass Sie auch mit allen Pressevertretern sprechen können

- Organisieren Sie rechtzeitig entsprechende Räumlichkeiten:
  Ein Pressegespräch kann in Ihrem Unternehmen stattfinden – ein Treffpunkt kann aber auch ein separater Raum in einem Restaurant sein.

- Die Durchführung: Wichtig ist ein Überblick über das, was Sie vermitteln möchten – stellen Sie die Fakten klar und präzise dar. Geben Sie den Journalisten Gelegenheit, Fragen zu stellen.
  Denn: Ein Pressegespräch ist keine Pressekonferenz, sondern hat meist einen persönlichen, eher informellen Charakter, bei dem der Informationsaustausch im Vordergrund steht. Nur so erhalten Sie über Randbemerkungen der Journalisten Aufschluss über Stimmungen in der Region oder gegenüber Ihrem Unternehmen.

5   So kontrollieren Sie den PR-Erfolg

Jede Produkteinführung wird heutzutage begleitet von umfangreichen Marktforschungen und Umfragen unter potenziellen Käufern, um das Risiko eines Flops möglichst gering zu halten und die erforderlichen Investitionen zu rechtfertigen.

Nun werden Sie sich zu Recht fragen: Welche Instrumente stehen denn zur Verfügung, mit Hilfe derer sich Erfolg oder Misserfolg von PR-Aktionen und -maßnahmen belegen lässt?

In diesem Zusammenhang sollten Sie sich noch einmal vor Augen führen: Erfolgreiche Öffentlichkeitsarbeit lässt sich in der Regel nicht kurzfristig durchführen und nachweisen – sie ist das Ergebnis einer kontinuierlichen Arbeit, auf die häufig viele unkalkulierbare Faktoren einwirken. Der Erfolg lässt sich daher auch nicht immer an gängigen betriebswirtschaftlichen Kriterien messen.

Um zu einer aussagekräftigen Erfolgskontrolle zu gelangen, gilt es, bereits in der Konzeptionsphase drei wesentliche Aspekte zu berücksichtigen:

• Planen Sie PR strategisch und formulieren Sie Ihre PR-Ziele messbar

• Sehen Sie PR nicht ausschließlich als Medienarbeit an. Sie ist zwar eine wichtige Säule der Öffentlichkeitsarbeit, aber erst der kombinierte und abgestimmte Einsatz von PR-Instrumenten auf verschiedenen Kommunikationsebenen führt langfristig zu einem messbaren Erfolg.

• Planen Sie von vornherein in Ihre Aktivitäten die Erfolgsmessung mit ein.

Maßnahmen der Wirkungskontrolle

Nachfolgend werden Ihnen einige pragmatische Wege zu einer brauchbaren Erfolgskontrolle aufgezeigt:

• Presseausschnitte (Clippings)
Eine der wichtigsten Erfolgskontrollen der PR-Arbeit ist das Sammeln von Presseausschnitten. Dies kann auf zweierlei Arten erfolgen: Selbst recherchieren und Veröffentlichungen ausschneiden – vor allem dann

sinnvoll, wenn es sich um eine lokal oder regional begrenzte PR-Aktion handelt, deren Medienerfolg gemessen werden soll.

Der andere Weg: Sammeln lassen, z.B. über spezielle Ausschnittdienste. Diese Dienstleistungsunternehmen führen nach speziellen Inhalten (Stichworte, Themenbereiche) gezielte Medienbeobachtungen für Unternehmen dadurch. Die Ergebnisse werden Ihnen dann in Form von Dokumentationen mehr oder weniger vollständig zur Verfügung gestellt.

Allerdings: Der Umfang sagt noch nichts über die Wirkung aus, sondern lediglich darüber, dass ein Kontakt der Zielgruppe mit dem Presseartikel möglich ist. In der Konsequenz bedeutet das: Es ist nicht sicher, ob die Zielgruppe den Artikel gelesen hat oder ob sich ihr Verhalten durch die Informationen wirklich ändert. Dies lässt sich allein mit dem Sammeln von Presseartikeln nicht eindeutig belegen. Weiter führende Feedback-Instrumente sind dazu erforderlich:

- Befragungen
  Zuverlässiger kann der Erfolg von Öffentlichkeitsarbeit mit Umfragen oder Interviews ermittelt werden.
  Mit eigener Marktforschung können Sie direkt innerhalb Ihrer Zielgruppen den Bekanntheitsgrad von Informationen, die Akzeptanz Ihres Unternehmens sowie die Bewertung des gesellschaftlichen Stellenwerts Ihrer PR-Aktivitäten ermitteln.

Teilnehmerinterviews oder standardisierte Fragebögen am Ende einer Veranstaltung geben Aufschluss über deren Erfolg oder Misserfolg. Durch Mitarbeiterbefragungen lassen sich wichtige Hinweise ableiten, zum Beispiel wie die Qualität Ihrer Mitarbeiterzeitung beurteilt wird.

Anwesenheitslisten im Rahmen einer Pressekonferenz bzw. eines Pressegesprächs gewährleisten die Pflege des Presseverteilers und vereinfachen das Nachfassen bei der Medienarbeit. Besonders für kleine und mittlere Unternehmen eignen sich Gesprächsrunden an regelmäßigen Terminen, bei denen Sie Ihre wichtigsten Zielgruppen und Medienvertreter zur Wirkung Ihrer Bemühung und Aktivitäten befragen können: Wie ist die Stimmung gegenüber dem Unternehmen? Wie sind die Inhalte und Aussagen angekommen? Wurden Ihre PR-Aktivitäten überhaupt wahrgenommen?

Patentrezepte gibt es nicht

Jede der oben beschriebenen Maßnahmen trägt dazu bei, die Qualität Ihrer Öffentlichkeitsarbeit zu überprüfen und kann wichtige Hinweise für die zukünftige Planung geben sowie Möglichkeiten zur Korrektur eröffnen. Jede Methode hat ihre Stärken und Schwächen – sie sind jedoch mit relativ wenig Aufwand umsetzbar – und unter dem Aspekt einer professionellen PR-Strategie auch langfristig einsetzbar. Wie die Marketing- und PR-Praxis häufig zeigt, führt auch hier erst die Kombination von unterschiedlichen Maßnahmen zu einer aussagekräftigen Wirkungskontrolle – im Idealfall mit dem Ergebnis, dass sich Ihre strategischen PR-Maßnahmen als effizient und notwendig erwiesen haben, weil Ihre Zielgruppen jetzt das Image verinnerlichen, das sich Ihr Unternehmen gewünscht hat.

Info-Service – Wichtige Adressen

Medien-Beobachtungsdienste
Ausschnitt Deutsche Medienbeobachtungs-Agentur, Gneisenaustr. 66, 10961 Berlin, Telefon 030-2039870, Telefax 030-20398777

Observer Argus Media GmbH
Höhenstr. 16, 70736 Fellbach, Telefon 0711-57531-0, Telefax 0711-57531-11

6   Externe Berater:
Der erfolgreiche Weg zur PR-Agentur

Gerade in kleinen oder mittelständischen Unternehmen, für die eine eigene PR-Abteilung unrentabel ist, kann es sinnvoll sein, mit einer PR-Agentur (nicht Werbeagentur) zu kooperieren.

In jedem Fall sollten Sie sich vorab überlegen:

* Welche Anforderungen soll die PR-Agentur erfüllen (Größe, Branchen-kompetenz, kleine und mittlere Unternehmen als Referenzkunden)? Bei der Auswahl der Agentur sollten Sie unbedingt mehrere Angebote prüfen. Referenzadressen sollten nach den Erfahrungen mit der Agentur befragt werden. Bei der Suche sollten Sie sich bei Unternehmen vor Ort nach Agenturadressen umhören.

* Welche Aufgaben soll die PR-Agentur übernehmen? Sie können eine kontinuierliche Zusammenarbeit vereinbaren – von der Situationsanalyse über den Maßnahmenkatalog bis zur Aussendung von Pressemitteilungen. Es ist aber auch möglich, zeitlich begrenzt für spezielle Einzelaufgaben (Tag der offenen Tür, Jubiläum etc.) mit ihnen zu kooperieren.

Zur Zusammenarbeit gehören zwei

Es ist nicht damit getan, einen PR-Berater zu beauftragen und dann abzuwarten, was er für Ideen und Vorschläge bringt. Zuerst sind Sie gefragt: Ziele der Pressearbeit zu definieren ist eine Aufgabe des Managements. Das bedeutet, die PR-Agentur braucht einen Ansprechpartner im Unternehmen und konkrete Vorgaben, die dann zusammen mit dem Unternehmen umgesetzt werden. Die Agentur entwickelt Ideen sowie Konzepte und macht das Handwerk, aber abschieben lässt sich PR-Arbeit nicht.

Und so kann ein PR-Dienstleister seine Aufgaben als Mittler zwischen dem Unternehmen und der Öffentlichkeit kompetent wahrnehmen:

* Durch genaue Festlegung der Zuständigkeiten und Kompetenz-bereiche auf beiden Seiten werden Missverständnisse vermieden.

* Ein kompetentes Briefing (Vorgabe und Themenstellungen) durch den Auftraggeber ist die zentrale Basis für eine erfolgreiche Zusammenarbeit.

- Je besser und detaillierter die PR-Agentur informiert wird, desto besser sind die Agenturleistung und der PR-Erfolg für das Unternehmen

- Je früher Aufträge vergeben werden, desto besser können Sie koordiniert und abgewickelt werden. Unter zu vielen „Schnellschüssen" leidet die Qualität.

- Eine PR-Agentur hat nicht nur einen Kunden. Entscheidend ist deshalb eine reibungslose Organisation. Festgelegte Gesprächs- und Projekttermine sollten unbedingt eingehalten werden.

- PR-Agenturen sind keine frei verfügbaren Unternehmen, sondern Geschäftspartner auf Dienstleistungsebene. Einmal erteilte Aufträge sind feste Bestandteile der Kooperation, die nur dann langfristig für beide Seiten erfolgreich verlaufen kann, wenn an ihnen festgehalten wird.

Erfahrung und Kontakte haben ihren Preis

Es gibt viele Vorteile, im Rahmen der PR-Arbeit mit einer Agentur zusammenzuarbeiten: optimierte, professionelle Leistung durch bereits vorhandene Kontakte sowie Erfahrung bei der Auswahl und dem Einsatz unterschiedlicher PR-Instrumente.

Der Erfolg der PR-Agentur – und damit auch Ihr Erfolg – beruht aber auch auf der Tatsache, dass sie stets gleich bleibend gute und fundierte Nachrichten streut und damit einen gewissen Imagevorsprung bei den Redaktionen hat, nicht zuletzt durch langjährig eingeführte persönliche Kontakte zu den Medienvertretern – das hat allerdings auch seinen Preis.

6.1 Kosten und Honorare

Die PR-Agenturlandschaft befindet sich in ständiger Entwicklung und weist eine immer komplexere Struktur auf. Das Spektrum reicht von selbstständigen PR-Consultants ohne fest angestellte Mitarbeiter über kleine und mittlere Agenturen mit bis zu 20 Mitarbeitern bis hin zu Großagenturen.

Als Orientierung bei den Kosten und Honoraren im Falle einer Zusammenarbeit mit externen Beratern und PR-Agenturen dienen die unten stehenden durchschnittlichen Beträge.

Für die Höhe der Beratungs- und Durchführungshonorare sind maßgeblich:

- die berufliche Erfahrung der eingesetzten Berater
- die Komplexität und der Schwierigkeitsgrad der PR-Aufgabe
- Ort und Umstände, unter denen der Auftrag zu bearbeiten ist

Die angegebenen Honorarsätze können je nach Ruf der Agentur und bei entsprechenden Sonderleistungen auch überschritten werden. Honorare verstehen sich ohne Mehrwertsteuer sowie ohne Fremd- und Zusatzkosten für Materialien.

Stundensätze:

- PR-Chef-Beratung   120 Euro
- PR-Beratung   95 Euro

PR-Service:

- Text/Grafik/Multimedia   85 Euro
- Organisation   70 Euro
- Sekretariat   45 Euro

Pauschalleistung/Honorar:

- Kontinuierliche Betreuung und Beratung pro Monat   2500 Euro
- Kleine Konzeption   1600 Euro
- Mittlere Konzeption   5000 Euro
- Pressekonferenz regional   3700 Euro

Info-Service – Wichtige Adressen

PR-Agenturen und PR-Berater
www.dprg.de
Online-Service der DPRG Deutsche Public Relationsgesellschaft, GPRA Gesellschaft Public Relations Agenturen und PR Forum:

- Agentur-Datenbank, stellt die führenden deutschen PR-Agenturen vor

- Linkliste mit Informationen und Adressen über weitere PR-Agenturen bis hin zu Einzelberatern und Spezial-Dienstleistern

- Dienstleister-Datenbank, Adressen, Angebote und Websites von Spezialisten. Das Spektrum der Dienstleistungen reicht von der Medienauswertung bis zur Unterstützung im Event-Bereich

www.marketing-webguide.de

- Links zu PR-Agentur-Datenbanken und PR-Foren

Buchtipp

Hajo Spoerhase/Thomas Johne:
Jubiläen professionell durchführen
Arbeitshandbuch, 232 Seiten
50 Euro zzgl. Versandkosten

Ein Leitfaden, der Firmenjubiläen als schlagkräftiges Kommunikationsinstrument beschreibt. Angereichert durch detaillierte Checklisten und
Praxisbeispiele, dient das Buch als Grundlagenwerk für jedes Unternehmen, das Veranstaltungen durchführen will.

Bestelladresse: KOM,MA Mediengesellschaft mbH; 60386 Frankfurt,
Sontraer Straße 16, Telefon 069-61990572, Telefax 069-61990574,
e-mail: kommamedien@t-online.de

Zum Autor

Thomas Johne ist geschäftsführender Gesellschafter der Kom,ma
Mediengesellschaft mbH,Frankfurt.
Von 1984 bis 1995 war er bei der Frankfurter Allgemeine Zeitung GmbH
im Verlagsmarketing und in leitender Funktion im Bereich Neue Medien
tätig, danach als Marketing-und PR-Berater.

Tätigkeitsfelder:

Beratung von kleinen und mittleren Unternehmen in den Bereichen
Marketing, Kommunikation sowie Medien-und Öffentlichkeitsarbeit,
Vorträge (u.a. an derEuropean Business School), Workshops und Semi-
nare (auch in mittleren Unternhmen), Entwicklung des WinPOWER
Coaching Workshops Marketing (Durchführung u.a. bei der Techno-
logieStiftung Hessen) sowie Konzeption und Leitung von E-Learning-
Workshops zum Themenkomplex Marketing und Kommunikation.

Veröffentlichungen:

Neben zahlreichen Artikeln hat Thomas Johne die Fachbücher „Der
Videofilm im Unternehmen" (F.A.Z.-Verlagsbereich Buch 1994), „Das
Firmenjubiläum als Kommunikationsinstrument" (F.A.Z.-Institut 1995)
veröffentlicht.
Er ist Herausgeber des Fachbuches „MarketingPraxis" (F.A.Z.-Institut
2001), das sich an Existenzgründer und Einsteiger wendet.

MIX
Papier aus verantwortungsvollen Quellen
Paper from responsible sources
FSC® C105338

Printed by Libri Plureos GmbH
in Hamburg, Germany